我が闘争 堀江貴文

我が闘争

目次

はじめに

これは僕が長野刑務所で服役していた時に書き始めたものだ。

生まれて最初の記憶から現在までを時系列で辿っていく、いわゆる自叙伝ということになる。

これまで沢山の本を書いてきた。会社の作り方、マネー術、人生論、小説などジャンルも様様だが、それらの中で自分の過去のこと、特に子どもの頃や学生時代の話をまとまった形で文字にすることはなかった。

なにも隠してきたわけではない。

読者にとって有益な情報を伝える際に、背景や説得材料として過去のエピソードが必要であれば、その都度持ち出すことも厭わなかった。しかし過去を書くことそのものを目的とした本は1冊もない。

なぜなら僕自身が過去を振り返るという行為になんの意味も見出せなかったからだ。

過ぎ去った時間に思いを馳せるなんて、暇な人間のすることだと考えていた。

23歳で起業して以来、僕に暇な時間は皆無だった。

どんな人にも時間だけは平等に与えられている。時間あたりの作業効率と判断のスピードを極限まで上げていかなければ、僕のやりたいことは到底実現できなかった。そしてそこでの基本は、今現在目の前にある案件にありったけの集中力を動員すること。今書いているメール、今話している相手、今見ているニュース、今考えているビジネスプラン。とにかく今、この瞬間に集中するのだ。

そこに過去が入り込む余地なんてない。目の前のことに一段落ついたとしたら、また新たな今に集中しなくてはならない。

多くの方がご存じのように、僕は2006年1月に逮捕され、11年6月からの約1年9カ月を長野刑務所で過ごすこととなった。

受刑者にもそれなりにやることは用意されていたけれど、1分1秒を惜しんで働いていた頃とは比べるべくもない。入所してしばらくは、暇という時間に戸惑い、苦しんだ。いや気が狂いそうになったという方が近いかもしれない。独居房の中で、まるで止まっているかのような時計の針を凝視して、激しく頭を掻きむしったことが何度あるだろう。

特に夜9時から朝7時までの就寝時間が厳しかった。いくら睡眠を大切にしている僕であっても、この10時間は長過ぎる。どうしてもあれこれと考え事をしてしまうことが多くなった。今、刑務所にいる自分に意識をフォーカスしても落ち込むだけだ。坊主頭に囚人服で煎餅布団に横たわっている僕は、どうひいき目に見てもイケてない。

じゃあ出所後の楽しい未来でも想像してみようと試みたのだが、驚いたことに先のことを考えると次から次へと不安ばかりわき上がってくる。

服役を終えた自分がみんなに受け入れられるのか見当がつかない。やりたいことが思い通りに運ぶか分からない。どこに住んでどんな暮らしを送るのか決まっていない。そもそもいつ刑務所を出られるのか定かでない。あまりに不確定要素の多い未来は、かつてないほどの混乱を連れてきた。

精神は不安定になり、眠れない夜が続いた。

これはもう過去を思い出してやり過ごすしかないかもしれない。

敗北感のような気持ちを抱きながらも、過去に向かって自分を放り投げるようにしてみたところ、そこには思いの外、鮮明な景色があった。

実家から見える山の濃い緑、こたつの上に積まれたみかん、幼馴じみたちの懐かしい顔……忘れていたと思い込んでいたものたちが、確かな質感を伴って次々と目の前に現れる。

もちろん心地よい記憶ばかりではない。恥ずかしい言動に今更ながら身悶えし、大切な人を傷つけてしまった後悔に苛まれ、小さな判断ミスによって生じた取り返しのつかない損失を呪った。

決して楽しい行為ではなかった。むしろいちいち感情を揺さぶられるので、面倒くさいことこの上ない。ただ過去はもう終わっているので、新たな不安を連れてくることはなかった。どんなに動揺したとしても、ふと我に返って、所詮は過去のことだと一息つけば、夢から醒めた後のような安堵が訪れる。そして時計を見上げると、ずいぶんと時間が経っているのだった。

せっかくだからもっともっと思い出してみよう。そして思い出したことを書き留めておこう。出所後の人生でこれほど暇を持て余すことなんてないはずだから、時間を気にせず過去の記憶に浸るのも最後の機会になる。

これが自叙伝を書き始めた動機ということになる。

「どうせ書くなら、恥ずかしいこととか情けないことも全部書いた方が面白い」

面会に来てくれた知人に自叙伝のことを話したら、そんなアドバイスをもらった。取るに足らないエピソードを喜んでくれる人がいるのか疑問ではあったけれど、彼の言葉に従い、今の自分の立場から記憶を選別するのはできるだけ止めることにした。そもそも誰に頼まれた原稿でもない。整合性やサービス精神なんて忘れて、好き放題の思い出し放題、書きたいように書けばいいじゃないか。

パソコンはもちろん使えない。横書きの便箋に鉛筆を走らせ、小さな文字で改行もせずにびっしりと書いた。驚くほど漢字が書けなくなっていたので、辞書は手放せなかった。

次第に刑務所暮らしにも慣れ、やることもあれこれと増えてきたお陰で、この原稿が完成したのは出所してしばらく経ってからのこと。初めて頭から読み返してみたところ、さしたる意図もなく積み重ねてきた人生の断片に、一つの共通点があると気が付いた。

それは僕がいつも闘っていたということだ。

僕は目の前のままならないこと、納得できないこと、許せないことと闘い続けてきたのだ。

だから本書のタイトルは『我が闘争』。気取っていると思われるのは本意でないけれど、これ以外に適当な名前が思いつかない。

具体的になにとの、どのような闘いなのかは本編に譲るとして、ここでは本書の楽しみ方について。

勝率はまあまあだけど、内容の濃さには自信がある僕の人生を思い出せる限りで書いた。いつも闘ってしまうことになる面倒くさい男の人生を面白がってもらえれば幸い。

そして、もしもあなた自身の闘いに役に立つことが一つでも含まれていたなら、それはもう望外の喜びというものだ。

第一章　田舎の優等生

典型的な日本の農村で

一番最初の記憶はなんですか？　という定番の質問については、母方の曽祖父の背中におんぶされて、みかん山へ向かう緩やかな坂を上っていくところ、と答えている。

その時の僕はたぶん2歳になったばかり。地元の「赤ちゃん大会」なるもので2位に入賞した元気な赤ん坊を背負っている曽祖父は、すでに90歳を超えていた。

この曽祖父は遊びに行くといつも、岩倉具視の500円札でお小遣いをくれる人だった。2歳半で保育所に預けられることになった僕に、クレヨンセットを買ってくれたのだが、なんとその次の日に突然亡くなってしまう。

いつものように昼ご飯を食べて寝室に戻ったら、いつのまにか息絶えていたのだという。まさに大往生である。

なぜ僕の記憶が母方の曽祖父とともに始まるのかというと、幼い頃の僕は、自分の住む家から車で30分ほど走ったところにある母の実家に、頻繁に遊びに行っていたからだ。

福岡県八女市《やめ》。僕の両親は二人とも同じ八女市の出身だ。さあ、八女市と聞いてなにか思い浮かぶものはありますか？　と聞いても、ほとんどの人はなにも答えられないに違いない。

九州最大の伝統工芸都市と言われていて、仏壇、竹細工、提灯、石灯籠の生産が盛んということになっているが、なんとも地味な上に規模もそう大きいものではない。

合併に次ぐ合併を重ねた今、面積で言えば、北九州市に次いで県内第2位となるが、人口はわずか約6万6000人。ちなみに北九州市は97万人を超えている。

その田舎具合を理解してもらうのは簡単。典型的な日本の農村をイメージしてもらえればそれでいい。

母の実家での〝なにもない〟日々

僕の最初の記憶にみかん畑が映り込んでいるように、母方の実家である山田家はなだらかな山間にみかん畑や田んぼが広がる、相当にのんびりとした農家だ。

20軒ほどの家がぽつりぽつりと建つ小さな集落には、庄屋と呼ばれるひと際大きな家もあったので、江戸時代から続いている集落ということなのだろう。

長女であった母から生まれた僕はその家にとって初孫となり、曽祖父、祖父母、そして母の弟で当時独身だった叔父――僕はいつも「おっちゃん」と呼んでいた――には、ずいぶん可愛がってもらった。

少なくとも週に一度は訪れていたし、両親が共働きだったこともあり、夏休み、冬休みなどの長い休みは、この山田家に長い間預けられていた。授業参観に父母の代わりに祖父が来てくれたというエピソードからも、この家との繋がりの強さがよく分かる。

山田家の仏壇には3枚の写真が飾ってあった。

女性が一人と男性が二人。女性は曽祖母で、僕が生まれる1カ月前に亡くなったそうだ。そして二人の男性は両方とも年若く、当時はよく理解できなかったのだが、太平洋戦争で亡くなった祖父の兄たちだった。そういえば家の玄関に戦没者遺族の家という札がかかっていたように思う。祖父も戦争末期に中国戦線に出征したらしいが、運良く助かって復員し、祖母と結婚。そして母が生まれるのである。

いくら可愛がってくれるといっても絵に描いたような日本の農家であった山田家の周りは、とにかく田舎である。隣りに住んでいた曽祖父の弟——彼は五右衛門風呂に入っていた——にも、僕と同年代の曽孫がいてたまに遊んだけれど、子どもの興味を引くような遊びはそこにはない。豊かな野山も、幼児の僕には退屈な日常の風景にすぎなかった。

高齢の祖父母とは話が合うわけがない。独りで広い畳の上に寝転んでは、つまんないなあと思っていた記憶がある。それでも叔父とは不思議と気が合って、彼が休みの日にはいろんなところにドライブに連れて行ってもらったりもした。

叔父と言えば忘れられないエピソードがある。

それはお風呂場での大惨事だ。

祖父の家の大便器は和式のポットン型で、子どもは足を踏み外すと穴に落ちてしまいそうな代物だった。だから祖父の家で大をするのは嫌で、いつもギリギリまで我慢する。

ある日、叔父と一緒にお風呂に入っていた時のこと。

お腹が温められた僕は、お尻のあたりがだんだんとムズムズしてくるのを感じていた。なんだろう？　そう思った時はもう遅かった。

やばい、我慢できない！

浴槽の中で勢いよくすべてをぶちまけてしまったのだ。

叔父はもちろん大パニックである。

浴槽の中は阿鼻叫喚の世界。すべてが黄土色に染まっている。

とんでもないことをしてしまった……。

当時の山田家のお風呂は循環式になっていて、浴槽に満たした水をパイプで外付けボイラーに流して温め、また浴槽に戻すという構造だ。

パイプまで汚染されたのだろうか……その後もお風呂に入る度にそう考えざるを得なかった。

またそれ以来、叔父は何度も笑いながらその時の話をしてくる。幼い僕はその度に本当に恥ずかしい思いをしなければならなかった。まあ僕が彼の立場でもそうするのだろうけれども。

子どもにとって刺激的なものはなに一つなかったけれど、祖父母や叔父に囲まれる山田家は、忙しく働く両親の緊張感が漂う実家よりも、のんびりと子どもらしくいられる場所だった。

堀江家は元飛行場

僕の実家は父の実家でもある。

八女市龍ケ原。八女市の北部に位置する丘陵地帯にある集落で、近くには5～6世紀に造られた古墳が集まる、人形原古墳群がある。

父は7人兄弟の末っ子にも拘わらず、実家に残って、祖母と同居していた。

龍ケ原という立派な地名があるのに、祖母はいつもその集落を「飛行場」と呼んでいた。なんで？　と尋ねると家の前の県道が飛行機の滑走路だったという。

確かに僕が小学校の頃までは、道路脇にコンクリートの大きな建造物があったり、実家の庭——といっても300坪もある——には、古いコンクリートの基礎がむき出しのまま放置されていた。区画も碁盤の目のように、直線でくっきり整理されている。

祖母によると、戦争の末期に、もともと林だったところを切り開いて、軍が飛行場を建設したのだという。しかし間もなく敗戦を迎えて、飛行場は用なしに。その土地を疎開してきた人たちに分譲したというのだ。

堀江家は当時、今の何倍もの土地を格安で手に入れたらしく、祖父は定職にも就かず、ヤギなどの家畜を飼い、畑を耕しながら、土地を少しずつ切り売りして生計を立ててきたらしい。彼は割と贅沢をした人で、最後は糖尿病を悪化させて亡くなったのだとか。

飛行場の滑走路のことは、子どもの頃は伝説のような感じがして半ば信じていなかったのだが、大人になってから「滑走路探検隊」というサイトを見てそれが事実だったと知った。戦争終結の直前に陸軍が特攻隊の訓練用の基地として整備をしていたらしい。１６００メートルの滑走路を予定していたというから、祖母の飛行場という呼び方も間違っていなかったのだ。

僕の両親は見合い結婚である。その時、父は27歳、母は20歳。それなりの歳の差カップルである。

母が堀江家に嫁に来た時、家の前の県道はまだ未舗装の砂利道だったそうだ。家は戦後すぐに祖父が自分で建てた古い家。生活そのものも古めかしいものだったようで、家にある洗剤はクレンザーだけだったと母がぼやいていたことがある。

僕が5歳になるまで、一家はこの古い平屋建ての家に暮らした。

今風に言えば４ＬＤＫという間取りになっていて、ダイニングを兼ねた和室と、畳敷きの広間が二つに、洋間が二つ。洋間のうち一つは両親と僕の部屋、残り一室は祖母の寝室というふうに割り振られていた。

トイレは洋式の男専用と汲取式の大便器で、人糞は畑の肥料へ。

広間の先には縁側があり、その前には祖父が自作した割と立派な庭があった。

祖母はその横にある菜園で、らっきょうやトウモロコシを栽培していた。庭にはさくらんぼ、桃、びわ、梅、柿、栗などの木が植えられていて、季節に応じてさまざまな果物が食卓に上った。柿の木の中に渋柿が一つだけあり、通常は干し柿にして甘みを出さないと食べられないのだが、その柿をわざと友達に食べさせて困らせたこともある。

庭には銀杏の木も植えられていて、その実を乾燥させたギンナンが僕の大好物だった。しかしギンナンは沢山食べると腹を下すので、母親に注意され制限されていた。同様に柿やトウモロコシも食べ過ぎは禁止とされ、特に当時我家で栽培されていたモチトウキビという古い品種のトウモロコシはもっちりしていて歯ごたえのあるもので、幼児にとっては消化が難しいものだった。

僕は腸が弱い子どもで、精神的なストレスや風邪などにかかるとすぐに下痢になってしまう。冬場は何度も、今でいうノロウイルスのようなものにやられて、大変な思いをしていた。

昭和の父親はナイターにビール

ビールを飲みながらナイター中継を観ている。父について一番記憶に残っているのはその姿だ。

父は酒に弱く、ビール一本でしこたま酔っぱらう。野球が好きで、かつては地元西鉄ライオンズの大ファンだったらしいが、ライオンズが福岡から撤退して西武ライオンズになると、テレビ中継がなくなったので巨人ファンに鞍替えした。

巨人が負けると機嫌が悪くなり、ビールで赤らんだ顔を歪めながら、僕に肩を揉めだの、背中に乗ってマッサージしろだのと言ってくる。ここで拒もうものなら折檻が待っているわけだ。殴られるだけならまだしも、特に虫の居所が悪い時は、庭の木に括り付けられたまま戸を閉められたりした。そんな折檻は日常茶飯事で、僕が父の身長を追い抜いた中1頃まで続く。

今の時代からすると、なんと乱暴な父親だと言われるかもしれないが、当時も今もそうは思わない。ごくごくありふれた、普通の、昭和の父親なのだ。

父は日産ディーゼル福岡販売というトラック販売会社の佐賀支店に勤めていた。地元の高校を卒業後、新卒で入社。肩たたきにあって早期退職するまで長い間会社のために尽くしたものの、キャリアは課長どまり。サラリーマンとしてもいたって平凡である。片道1時間くらいかけて通勤し、仕事や飲みで帰りが遅くなる日も多かった。

授業参観などの学校行事には一度も来たことがないし、どこかへの送り迎えをしてくれるような人でもなかった。とはいえ、まったく僕に興味や関心がなかったわけでもないのだろう。夏には僕を連れて二人で海水浴に出かけることがあった。僕は一人で泳いで、泳ぐのに飽きたら砂浜で山を作る。父はそんな僕をぼーっと見ていた。

遊園地や神社に出かけたりもしたが、大抵、母は一緒ではなかった。なぜだろうと思ったのはだいぶ後になってからのことだ。

父は平凡、平均を絵に描いたような、中産階級の代表のような人。

応接間にはウイスキーのちょっと高そうなボトルと、ゴルフのトロフィー、そして何かの賞状を飾る。当時はどこの家もそういう感じだった。

ゴルフのトロフィーが優勝だったらいいんだけど、なんとブービー賞。幼心にもブービー賞のトロフィーを飾るなよと思ったが、なんとも父親らしい話である。

本当に普通のおっさん。別に悪い人ではなく、いわゆる普通の父親だった。

働き者だけど激情型の母

父に比べて母にまつわる思い出は圧倒的に多い。しかしそのほとんどが世間でいう母親の温かさとはほど遠く、母の厳しさや激しさを象徴するエピソードだ。

母は21歳の時に僕を生んでいる。そして子どもは僕だけということになる。一人っ子はつまらないと思っていた僕はずっと兄弟が欲しかったけれど、僕と母の間にはそんなことを無邪気に口にできるような空気はなかった。

厳しいと言っても、たとえば日頃から口うるさく勉強しろというタイプではない。基本的に口数が少ない人だった。そして誰にも相談せずに物事を決めてしまい、それを一方的に告げてくる。僕にはそれを拒否する権利は与えられていなかった。なぜ？　なんのために？　という疑問は、「せからしか！」（うるさい）で一蹴された。

ある日突然、「これから柔道に行く」と言われて車に乗せられ、その後、6年間、僕はまったく好きではない柔道を習わせられることになる。練習を休むことは許されず、それでもどうしても嫌でズル休みしたことがバレた時は、烈火の如く怒られ、夜に家から放り出された。

高1の冬休みには「年賀状配達のバイトに行ってこんね」。

僕には一言の相談もなく、郵便局の人と既に段取りをしたよう。抗うすべがないので、翌日しぶしぶ出かけていったのだが、なぜか担当者は不在。しかたなく家に帰ってきたら、「なんで帰ってきた！」と怒鳴られる。

この時はさすがに理由を説明しようとしたのだが、お得意の「せからしか！」である。それでも僕が釈明を試みると、口では敵わないと思ったのか、台所から包丁を持ち出してくる。

「お前を殺して、私も死ぬ！」

ちょっと待ってよ、なんでそうなるの？　という感じだが、さすがに慌てた。僕にできることは、母の興奮が収まるのを黙って待つのみ。

今でもそうなのだが、僕はこんなふうにヒステリックになる女性のことが理解できない。理解はできないけど、母との経験があるので、あまりあたふたすることもない。ああ、また怒ってるわ、と思って静かに傍観しているだけで、説得したり慰めたりすることはあまりない。

一方で自分にも、感情的になりやすいというウィークポイントがあると自覚している。それは母に似たところかもしれない。そんな親子だから、衝突も多かったわけだ。

僕が育ったような田舎では母親というものは農家の嫁か専業主婦のどちらかで、いつも家にいるのが当たり前。外で働く母親は珍しく、なにか特別な事情があるのではないかと思われた。堀江家における特別な事情とはおそらく、お金がなかったこと。赤貧とまではいかないが、父のサラリーだけでは生活がまわらなかったようだ。

母は僕がまだ赤ん坊の頃から働いていた。

最初は畑で穫れた野菜を青果市場に売りに行く仕事。僕をおぶいながらリアカーを引いて、30分ほどかけて市場に通っていた。さすがにそれは大変だったらしく、途中からリアカーは軽自動車に替わる。

僕は2歳半を過ぎると、保育所に預けられた。それとほぼ同じタイミングで、母は近くの公立病院に事務の仕事を得た。家には祖母がいるものの高齢故に、僕の世話を任せるわけにはいかなかったのだろう。

地元の高校を卒業しただけで、なにか特別なスキルがあるわけではない田舎の女性にとって、働き口を見つけるのはそれなりに大変なことだったようだ。その後、母は何度か職を変え、ようやく落ち着いたのは僕が小6になった頃。地元で自動車学校などを経営する小さな企業グループの事務の仕事だった。田舎とはいえ手広く商売をしていたその会社に母は20年近く勤めた。母から「仕事が楽しい」という言葉を聞いたことはないが、仕事の愚痴も聞いたことはない。日々の食卓に職場の話題が上ることもほとんどなかった。かといってお金のためだけに渋々働きに出ていたのかというと、そんなふうにも見えない。生真面目さ故の責任感は大きかったと思うが、それだけではなかったのではないか。職場には、家の中では得ることのできないなにか、自分を満たしてくれるなにかがあったのではないか。

最近になってふと思ったことがある。母には地元を出て東京で働くという人生の方が向いていたのではないか。そうなると僕は生まれなかったのだけれど。

母も父と同様、授業参観には一度も来たことがない。仕事よりも優先すべきことではないという考えがあったのだろう。だから寂しかったかと聞かれれば確かにそうだけれど、うちはそういう家だからしょうがないと繰り返し自分に言い聞かせてきた。

会話の少ない堀江家の空気

父と母は決して仲のよい夫婦ではなかった。普段はほとんど会話らしきものがない。食事中も父と母、そして僕の3人は黙ったまま箸を進める。祖母だけが戦争の頃、当時祖父が勤めていた八幡製鉄所の社宅を空襲で焼け出され、着の身着のまま逃げてきたという話を毎日のように繰り返していた。

会話がないくせに、というかないからこそなのか、二人は度々喧嘩をした。二人とも気性は荒い。喧嘩は激しいものになった。

「せからしか！」の応酬はまだ序の口で、父がこらえきれず手を上げると、感情を爆発させた母は家を出て行くと叫び出す。そこに僕が泣きながら止めに入って落ち着くこともあったけれど、本当に母が出て行ってしまうことも何度かあった。

二人はあまり気が合わなかったのだろう。父と僕が海や遊園地に出かける時、母が一緒ではなかったのも、きっとそういうことだったのだ。

二人が見合い結婚だったという以外に、なれそめについて聞かされたことはないが、母は結婚した時まだ20歳だった。これは僕の推測にすぎないが、早く実家を出たいという思いが、父との結婚を急がせたのではなかったか。今は別々に暮らしている二人だが、もし僕が生まれていなかったら、もっと早くに別居していたのかもしれない。

暗い話が多いように思われるかもしれないが、当時の堀江家が家族として機能していなかったわけではないし、それなりに楽しかった思い出もないわけではない。

お金がないという堀江家で外食はめったにない大イベント。3カ月に一度あるかないかのことだ。子どもの頃の僕は毎日の単調なおかずにあきあきしていたので、今日は外食と聞くと、飛び上がらんばかりに喜んだ。

しかし、堀江家の懐事情では、せいぜいがリンガーハットで長崎ちゃんぽん。またかとは思ったが、それでも外でご飯を食べている自分に高揚しながら、麺をすすっていた記憶がある。帰り道で通り過ぎるロイヤルホストがやけに眩しく見えたけれど。

それと僕が5歳の時、我家を増築した際の話。新しい風呂場が作られている途中で、父と一緒にバスタブ予定地に入ったことがある。

地面がくりぬかれた狭いスペースに、抱えた膝をくっつかせるようにして向き合う。その時、どんな言葉を交わしたかは覚えていないけれど、父は少し得意げな笑みを浮かべていた。

お風呂と言えば、父から与えられた唯一の教訓もお風呂に関わるものだった。

「チンポを洗え。大事なところだからな」

その頃は意味が分からなかったが、もちろん今はその大切さがよく理解できる。

さらにお風呂絡みでもう一つ。

母の実家では湯船を黄土色に染めた僕であるが、実は家のお風呂では毎日おしっこをしてしまう癖があったのだ。幼稚園の頃は大した量でもないので気にもしなかったけれど、さすがに小学生になり身体が大きくなってくると、量も増え、成分も変わってくる。自分の股間から黄色い液体が噴射されているのを眺めながら、ああ、これは本当はやってはいけないことなんだと感じていた。でも翌日もまた条件反射で同じことをしてしまう。結局、その癖は10歳くらいまで直らなかった。

両親には悪かったなと思う。

土のくぼみにおしっこなんて

僕にとって初めての社会生活の場となった保育所。2歳半といえば、まだ半分赤ん坊のような年齢だけれど、最初に連れられていった時の衝撃は今でも覚えている。

「え、なんだこれ⁉」

男便所の小の方が、単なる土でできたくぼみだった。すりばち状のくぼみ……これが便器なのか？　これを目がけて用を足せというのか？

木造の年代物の建物にも驚いてはいたが、このトイレはまさに異文化な感じがして、これからの保育所生活が急に不安に思えてきた。

訪れた時はみんなが給食を食べているところで、アルマイトの食器というのも見たことがない代物だった。こんなところに入れられるのかと軽く落ちていた。このファーストインプレッションは、そのまま保育所時代の一番印象的な出来事となる。

もちろん子どもはそんなあれこれにも慣れ、すぐに友達もできた。保育所のすぐ裏に住んでいたてっちゃんはスポーツが得意でさっぱりした性格のナイスガイ。一緒に駄菓子屋に行ってシガーの形をしたお菓子を買ったりした。確か20円。

保育所へは朝は母親が通勤前に送ってくれたが、帰りはバス。家の最寄りのバス停で祖母がお迎えというのが、3歳を過ぎたあたりからの定番。1日5往復しかないローカルバスで、運転手さんがお客さんの顔を覚えてくれているような感じだったけれど、今考えると、3歳児が一人でバスに乗って帰るというのも凄い話だ。

ある日、バス停で帰りのバスを待っていたら、知らないおじさんがソフトクリームをおごってくれた。その日は、たまたま用事があって祖父が車で迎えにくることになっていたのだが、僕はそれをすっかり忘れてバス停にいた。

バス停で僕を見つけた祖父は、手の中のソフトクリームを見て強い調子で怒った。

「知らない人から食べ物をもらうな」

確かにその通り。その通りなんだけど、ソフトクリームの誘惑に勝てる3歳児はなかなかいないのではないか。

幼稚園と自我の目覚め

4歳になった僕は八女市の中心部にある、お寺に併設された幼稚園に通うことになる。保育所には半分わけも分からないまま通わされていたけれど、幼稚園に入った頃から、いよいよ自我らしきものも芽生えてくる。今の僕に繋がる性質が確認できるようなエピソードが増えてくるのだ。

幼稚園の園長さんはお寺の住職さんなのだが、その娘さんも保母さんとして働いていた。年長組で担任になったその先生のことが僕は大好きだった。

年の頃は、当時で20代半ばくらい。そう、そのくらいの年齢の人が昔から好きだったんだな。先生のことは本当に大好きで、卒園の時、わざわざ自宅までさよならを言いに行ったほどだ。

幼稚園で仲良くなった友達はトモちゃんとサオリちゃんという二人のアクティブな女の子。朝のバスから始まって、帰りまでずっとワイワイ言いながら楽しく過ごしていた。彼女たちと会えると思うと、幼稚園に行くことが楽しみでならなかった。

幼稚園の先生から、僕と同じ地区に住むT君という男の子と遊んでくれとしつこく言われたことがあった。ただこのT君は無口のインドア派で、幼稚園児のメンタリティーとしては一緒に遊んでもまったく面白くない。一度だけお互いの家を行き来したけれど、やはり無口で張り合いがない。いつもの女の子たちと遊んでる方がずっと楽しいと思ってしまった。

初恋と呼べるような経験をしたのも、この頃のことだ。

年長組の途中で北海道から転入生がやってきた。細身で標準語を操る女の子である。父親が転勤で各地を転々としているらしく、そのせいか他の子と違って大人びていた。彼女と同じ班になり、ワイワイと遊んでいる女の子たちへとは違う感情が芽生えてきた。

無性に気になって彼女の方をチラチラと見てしまう。そのくせ他の子と同じようにはスムーズに話せない。この気持ちはなんなんだろう。それは大好きな保母さんへの感覚とも違う。

年長組の学芸会で出し物として劇をやることになった。王子様とお姫様がいてというよくあるやつ。一番可愛いと思っていた彼女が当然お姫様役になるだろうと思っていたが、なんと彼女はカエル役。お姫様は微妙なルックスの医者の娘となった。ちなみに王子様役は町で一番立派な料亭の息子、I君。僕は王様を守る一兵卒である。

なんかおかしいぞ。

謎が解けたのは、学芸会の会場がI家の料亭の大宴会場だと分かった時だ。

それが世の中結局「カネ」なのかよ、と思った僕の原体験である。

後日談だが、I家の料亭は経営不振となり、お父さんは自殺未遂をされたそうだ。その話を僕はI君のお兄さんから聞くことになる。ライブドアの社長をしていた時に、お兄さんは投資ファンドの担当者としてM&Aの案件を持ってきてくれたのだ。

世間はなんと狭いことか。そして栄枯盛衰、諸行無常なのである。

ナスビさんチョッキ事件

ある雨の日、帰りのバスを待っていた。

幼稚園から支給されている黄色い傘を持っていたのだけれど、当時から落ち着きがなくて常になにかをしていないと気が済まない性質だった僕は、傘を側溝の隙間に刺して遊んでいた。ブスッ、ブスッ。

調子に乗って強く刺しすぎたら、抜けなくなってしまった。

やばい。母親に怒られるのは嫌だったけれど、それよりも傘がかわいそうだと思った僕は、なんとか抜き取ろうと悪戦苦闘しているうちにバスを乗り逃してしまう。ああ、どうしよう。祖母が家の近くのバス停で待っていてくれるはずだ。いつものバスに乗っていないのが分かれば心配するだろう。しかし連絡する手段も思いつかない。

しばらくして父親が車で迎えに来た。

僕は側溝に突き刺さったままの傘を目の前にして、しくしくと泣いていた。

意外に思われるかもしれないが、昔からモノへの執着は人一倍強い。古いアルバムなどを除き、沢山のモノを処分したのは長野刑務所に入るに当たって部屋を引き払った時が初めてだ。昨日まであったモノがなくなると、とても寂しい思いに駆られてしまう。

幼稚園時代に起こった「ナスビさんチョッキ」事件。その頃、白地にナスビとニンジンなどが描かれたチョッキを、「ナスビさんチョッキ」と呼んでヘビロテしていた。どこがそんなによかったのかは今となってはまるで分からないが、一旦愛情がわくとそうなるのである。

しかしこの時期、男の子の身体はどんどん大きくなる。僕の身体には窮屈になってきたそのチョッキは、タンスの中にしまわれていた。ある日、タンスを開けたら、チョッキが消失しているのである。なんたることだ！

母親に泣きながら訴えたところ、ママ仲間で服の譲り合いが行われた際に、チョッキは知人の小さい子のところに行ってしまったという。その後の数日間、「ナスビさんチョッキ」を思い出しては、後ろ髪を引かれるような思いを一人噛み締めていた。

百科事典で広がる世界

字を覚えたのはいつだろう。幼稚園に入るか入らないかの頃には一通り読めるようになっていたと思う。マグネット製の五十音学習セットを使って勉強したはずだが、特に苦労したような覚えはない。

5歳の頃、僕は人生最大の怪我をする。といっても大した怪我ではない。幼稚園の体育道具などが入っている倉庫の窓から飛び降りた時、着地に失敗して左手を骨折してしまったのだ。近所に1軒だけある小さな病院でギプスをはめてもらい、1カ月ほど幼稚園を休むことになる。

つまらない。なにもすることがない。

昼間の家には高齢の祖母がいるだけだ。仏壇の線香の匂い、畳のざらりとした感触。いつもの家のはずなのに、どこにも居場所がないような気がする。

今頃、幼稚園ではみんなが楽しく遊んでいるはずだ。好きなあの子はなにをしてるんだろう。

外の世界を想像するけれど、それもまた寂しさが募るだけなのですぐに止めることにした。

昼寝にもお絵描きにも飽きた僕の目に留まったのは、リビングの一角を占拠していた百科事典である。

その頃の一般的な家庭にはウイスキーのボトルやトロフィーと一緒に百科事典が飾ってあった。平凡、平均を地でいくような我家にも当然それはあった。しかし、というかもちろん、父や母が百科事典を読んでいるところは見たことがない。彼らは普通の本すら読まない人なのだ。

見てもいいのかな。でも別に隠してあるものじゃないからかまわないだろう。僕は重い百科事典を戸棚から引っ張り出してきて、頁を開く。

これが情報ジャンキーへの第一歩となった。

幼稚園で読んでいたような絵本とは違って文字がいっぱいだ。漢字なんて習っていなかったはずだが、不思議と書かれていることの意味は分かった。

ん？　これは面白いぞ！

紙の上に躍っている情報が、僕の頭の中にするすると流れ込んでくるような感じが心地よかった。

世の中にはこんなにモノがあり、人がいて、国があるのか。僕がいる八女市は宇宙から見ると小さな星の一つでしかない地球にあり、さらにその地球の中では米粒よりも小さいような場所なんだ。

読めば読むほど、自分が外側に広がっていくような、同時に内側からもなにかが湧き上がってくるような興奮を覚えることができた。

僕は来る日も来る日も百科事典を捲るようになる。

百科事典の読み方を知らなかった僕は、適当に興味のありそうな宇宙とか歴史の章から読んでいった。

そして徐々に医学、自然科学、考古学、歴史などがお気に入りになっていった。この世界がこんなふうになっているというカラクリに興味があったのだと思う。文学にはまったく興味が持てなかった。このへんは今とまったく同じ。

怪我が治って幼稚園に通い出してからも、百科事典を手放すことはなかった。幼稚園は午後の早い時間のうちに終わってしまう。帰ってきても家には祖母しかいない。歩いて行ける距離には友達もいないので、母が帰ってくるまではやることがない。

リビングに座って昨日の続きを読む。日が落ちて薄暗くなってきても、電気を点けるのを忘れるくらい没頭した。

百科事典を読むのは楽しいことだった。確かに楽しいのだけれど、友達とワイワイ遊ぶ時の楽しいとはなにかが違う。

僕は頭を使う楽しさに目覚めたのだ。

ある日突然、死への恐怖がやってきた

僕が一番初めに触れた人の死は、曽祖父のものだ。

人生最初の記憶の中で、僕をおんぶしてくれていた人。動かなくなってしまった曽祖父は棺桶に寝かせられ沢山の花に囲まれていた。やがて骨だけになって、お寺の墓地に納められた。

母や祖母たちは泣いていたが、あまりにも幼い僕にはその意味が分からなかった。僕に優しくしてくれた曽祖父がいなくなる。それはどうやら動かなくなるとか、しゃべらなくなるとか、会えなくなるという事実を超えた、重大な出来事のようなのだ。なにも分からないまま、しばらくすると曽祖父は、僕にとって白黒写真の中の人へと変わった。

それはなんの前触れもなく、突然訪れた。小1の秋、肌寒い日だったと記憶している。小学校からの帰り道。一人であれこれと考え事をしていた時に、ふと浮かんできたのだ。

「僕はいつか死ぬんだ」

猛烈な恐ろしさがやってきて、道路にうずくまる。

「死ぬのが怖い！」

パニック状態の中、固く目をつぶると目の前が真っ暗になる。それは「死」のイメージを増幅させた。

「いやだ、死にたくない！　どうしたら死ななくてすむんだ！」

死なない方法がないかと考えてみたけれども、なに一つ浮かんでこない。だめだ、死ぬんだ。僕にはそれをなんともできないんだ。

無理矢理に目を開けて遠くの山を眺めながら、一生懸命に他のことを考えようとした。心臓がドキドキと脈打っている。僕は学校で教わったばかりの深呼吸を繰り返した。

しばらくして少し落ち着きを取り戻した僕は、とぼとぼと家へと歩きながら、死なない方法について引き続き考えを巡らせる。

今は知らないけれど、きっとどこかにそれを知っている人がいるかもしれない。これを飲めば死なないという薬があるかもしれない。

それ以来、百科事典の医学の項目をより熱心に読むようになった。テレビでも人体の不思議を扱ったドキュメンタリー番組がやっていると食い入るように観た。

死への恐怖はその後も度々やってくる。

夜中に目覚めた時、お風呂に入っている時。授業中にも、晩ご飯の食卓でも。僕の思考の隙間にスルリと滑り込んできては、全身を恐怖で震わせる。ひどい時には頭を抱えて10分以上も唸るようなことがあった。

相変わらず死なない方法は見つからなかったけれど、寿命を延ばすことはできると知った。寿命を延ばし続ければ、死はやってこないことになる。

もう少し大きくなり、さらに色んなことを知っていくと、「結局は死んでしまうんだ」と考えるようになる。たとえば宇宙の終わりが来たら間違いなく死んでしまう。巨大隕石が衝突したら地球は滅亡する。大地震で日本列島が沈没したら誰も助からない。知識が増えれば増えるほど、死ぬことはより避けられないと分かってきた。

ではどうしたら死への恐怖から逃れられるのか。

僕がこの答えを見つけたのはずっと後、もう大人になり、会社を立ち上げて忙しく働いていた時だ。ふと、2年ぐらいあのパニックが起こっていないと気が付いた。

ああ、そういうことか。忙しくしていればいいのか。

死を恐れるのは、死について考えるからだ。考えなければ、恐れるもなにもない。その頃は起きている時間のほとんどすべてを仕事に費やしていたので、僕の思考の中に死の恐怖が入り込む余地はなかった。

パニックはずっと起こっていない。それでも今なお死は頭の片隅にある。だから今でも寿命を延ばす方法を探しながら、とにかく忙しくして、死の恐怖に囚われないようにしているのだ。

「みんなと違う」に苦しむ日々

小学校の勉強は超が付くほど簡単だった。

教科書を一度読めばたいてい理解できたので、先生の授業を進めるペースが遅すぎてイライラした。そして勉強が分からないというクラスメイトのことを心底不思議に思った。こんなの簡単だろう。なぜ分からないのかが分からない。

家では相変わらず百科事典は読んでいたけれど、勉強らしい勉強なんてしたことがなかった。それでもテストはいつも100点。僕からしたら当たり前の結果なんだけれど、みんなからは驚かれる。

テストの時間が苦痛だった。もちろん、問題ができないからではない。時間が余りすぎて退屈なのだ。算数だったらだいたい10分で終了。後は答案用紙の裏に落書きしたりしてなんとか暇を潰そうとした。それにも飽きてイライラしている僕を見かねた先生は、黒板の前の机で、みんなのテストの採点をさせた。今から考えるとすごい話。

クラスメイトが真剣な顔で答えを書いている様子を眺めながら思った。

どうして僕はみんなと違うんだろう。

その思いは勉強以外の時間でも少しずつ大きくなっていく。

幼稚園までは友達と遊ぶことに関しても、ただ楽しいというだけでなんの違和感もなかった。当時から目立ちたがりやだった僕は、時にピンク・レディーや沢田研二の真似をしてみんなを笑わせ、自分も屈託なく大声で笑った。女の子たちときゃあきゃあ言いながら追いかけっこをするだけでも、満たされるものがあった。それなりに人気者でもあったはずだ。

しかし小学生になるとなにかが違ってくる。僕は彼らが面白がるものを単純に楽しむことができない。

今日は秘密基地を作ろうということになって、数人で空き地に集まって基地らしきものを作る。みんなはその中で寝転んだりするだけで楽しそうなのだが、僕はそれがなんの秘密基地で、どのような任務を与えられているかを考えるのが好きだった。

川遊びでもそうだ。友達は水に触ってバシャバシャしているだけで満足のようだが、僕は石で流れをせき止めて支流やダムを作ることに熱中した。

警察泥棒（ケイドロと呼んでいた）をやる時も、集団で作戦を立てようとしたが、みんなはただヘラヘラと駆け回るだけだった。

どうしてみんなもっと面白いことをしようと思わないのか。その程度の遊びで満足できるなんて信じられない。

僕は違和感やつまらなさを隠さなかったし、空気を読んでみんなに合わせることもできなかった。

いつしか通知表の素行欄には「協調性がない」と書かれるようになった。

僕はちょっとした問題児として扱われるようになったのだ。

初めての東京旅行は大失敗

まるで別世界だ。

テレビの中などで見る東京は、とにかく派手に輝いていた。時代というものもある。当時はバブルの真っ盛り。僕自身はまったく興味もなかったが、トレンディードラマが象徴するような華やかさはいやでも漏れ伝わってくる。

この八女市以外にいろんな世界があることはもちろん知っていたが、その中でも最も憧れていた東京に、自分が行けることになるとは想像もしていなかった。

小学校3年の時だ。父親が東京に出張することになり、それなら母と僕も一緒に行こうと決まった、初めての家族旅行。1泊2日という日程は、今考えるなら東京を満喫するには短い時間だが、その時はとにかく行けるというだけで舞い上がっていた。

東京で何をしようか。何を見ようか。僕は地図を広げてあれこれと思いを巡らせ、幾日もかけて計画を練った。

当時東洋一高いビルだったサンシャイン60は外せない。その頃まだ九州にはなかった地下鉄にもなんとしても乗りたい。

小学生が考える東京は未来都市のイメージに近かった。ガラス張りの高層ビルの間を高速道路が縫うように走る。地下深くの長いトンネルを滑るように進む新型車両。夜の街はいつまでも暗くならず、洗練されたファッションに身を包んだ人々が時を忘れて楽しげに歩く。

行きは博多から新幹線だけど、帰りには飛行機にも乗れる。

期待を膨らませるだけ膨らませて挑んだ初めての東京。

しかし、期待が大きかっただけに落胆もものすごかった。

まず東京駅が巨大すぎて訳が分からなかった。丸ノ内線に乗って池袋に向かうはずが、乗り場が分からず両親は右往左往。人波に揉まれて案内板を見るのもままならない。

これだろうということで飛び乗った電車はなんと山手線。電車はいっこうに地下に潜る気配はなく、鶯谷や日暮里など緑が濃い街の中をのんびり走っている。

こんなの東京じゃない！　地下鉄にも乗れない両親に恥ずかしさと苛立ちを覚えた。

なんとかサンシャイン60に辿り着き、お昼ご飯を食べようとなったのだが、連れて行かれたのは、薄暗い喫茶店。インベーダーゲームが置かれているタバコ臭い店だ。まったくイケてない。

せっかくなのになんで、ここなんだよ。不満は募る。

サンシャイン60に行って60階の展望台に上ったものの、はとバスに乗る時間が迫っているからと両親にせかされて、感慨に浸る余裕も与えられなかった。ちゃんと来たんだから、それでいいでしょう、と言わんばかりだ。

なんなんだ、この人たちは。

この高さに驚くとか、ビル群に目を見張るとか、皇居がどこにあるか探すとか、そういう興味や欲求はないのか。あんなに楽しみにしていた息子が、満足しているかどうか気にならないのか。

あまりに不愉快すぎて、僕ははとバスに乗っている間ずっと、下を向いてむっつりと黙り込んでいた。だからいったいバスがどんなコースを走ったのか、まったく記憶していない。

はとバスツアーが終わる頃に母親が突然、日光に行きたいと言い出した。今日は鬼怒川温泉に泊まって、明日は日光東照宮を見るというのだ。

なんで東京も全然楽しんでないのに、栃木まで行くのかさっぱり分からない。でも母親は言い出したら絶対に考えを曲げないと知っていたので、従う他ない。

電車を調べたところ、今からでもなんとか間に合うらしい。僕らは東武線に乗ることになった。しかし、向こうに着く時間が遅くなるので、晩ご飯は済ませておかなければならない。両親は東武線のホームにあった立ち食いそば屋に入ろうと言う。

そこでついに僕はキレてしまった。

「なんで立ち食いそばなんだよ！」

涙が勢いよく溢れてくる。せっかくの東京なのに、もうちょっと美味しいものとか、珍しいものを食べたいと思わないのか。息子に食べさせてあげたいと思わないのか。地下鉄にも乗れなかったし、サンシャイン60だってただ入っただけじゃないか。あんなに楽しみにしていたのに、全部が全部、台無しじゃないか！

「立ち食いそばなんか食べたくない！」

今日1日の不満や落胆が怒りとなって噴出し、駅のホームで泣き叫んだ。

僕の怒りが理解できない両親は、「食べたくないなら食べんでいい」と言って、二人で店に入っていった。

どうしようもなく悲しくて、腹が立って、涙は長い間止まらなかった。

結局その日、僕は鬼怒川でも晩ご飯を食べることなく、お腹を空かせたまま眠った。

布団の中でお腹を鳴らしながら、考える。

僕はこの人たちが理解できない。この人たちと僕は違う。

怒りや悲しみは、あきらめへと変わりつつあった。

初めての家族旅行は大失敗に終わった。

今度東京に来る時は、僕一人で来よう。

キレる少年と救世主・星野先生

両親への違和感。学校での疎外感。

それをうまく言葉にして説明できればよかったのだろうか。実際、子どもの頃から弁は立つ方だと自覚はしていたので、ちゃんと話を聞いてもらえる場があれば、理論立てて説明することはできたのかも知れない。

しかし、子どもにそんな場が与えられることは少ない。子どもに求められるのは、理論や理屈ではなく、可愛げや素直さといった感情に訴える類いのものだ。僕がどんなに正しいことをやったり言ったりしても、それが周囲から「堀江君はおかしい」と思われてしまったら、なす術がない。

おかしいのは僕で、正しいのはみんな。

苛立ちや怒りを必死に我慢しようとするが、結局は堪えきれなくなって、僕はキレてしまうのだった。

学校では殴り合いの喧嘩をしたし、机を投げつけたこともある。友達を川に突き落とし、大問題になったこともあった。

クラスメイトに吉田君という地元の医者の息子がいた。いつもみんなの輪の中心にいる彼が、子どもの産まれる仕組みについて得意げに話している。

「赤ちゃんはお母さんのお腹をかっ捌いて出てくるんだ」

それはたぶん帝王切開の話なのだが、百科事典の医学の章を読んでいた僕には彼以上の知識があった。

「いや、お尻の穴から出てくるんだよ」

そこから論争が始まった。小学4年ではまだ性教育も始まっていないので、他のみんなはなにも知らないよう。僕が言うお尻の穴とはもちろん膣のことだ。

「女の人にはお尻に三つの穴があって、その一つから出てくるんだ」

「嘘言うなよ！」

吉田君は医者の息子だし、クラスを仕切っている存在だ。彼の方がクラスメイトの圧倒的な支持を集め、他のみんなも「嘘だー」「堀江君が変なこと言ってる」と僕を責め立ててくる。いくら百科事典に書いてあったと言っても、理解してもらえない。

間違っていないので主張を覆すわけにもいかないし、この論争を終わらせる方法も見つからない。

話が通じない苛立ちを我慢しようとはしたが、ついに僕はキレて一暴れしてしまった。

その日のホームルームで、僕と吉田君の喧嘩が議題になった。クラスメイトの一人が僕を擁護するような発言をした。

「堀江君は自分の考えを言って、勇気があると思いました」

その言葉に僕は愕然とした。

なんで勇気なんだよ！　勇気とか関係ないだろう！

彼らにとって大事なのは、何が正しいかではなく、クラスのリーダーに異を唱えた勇気なのだ。論ではなく、あくまで感情の話なのだ。まったく付いていけない。

星野先生がいなかったら今ごろどうなっていただろうと思う。星野先生は八女時代の僕を認めてくれた唯一の大人だ。

星野先生は小学校3年の時の担任で、田舎の小学校には似つかわしくないファンキーな雰囲気のおばちゃん先生だった。

クラスで矢部川まで出かけた時のこと。途中で軽トラックに乗ったかつての教え子の男の人と再会した星野先生は、「わー、ひさしぶりー」と言って、道の真ん中で抱き合っていた。そんな感じの、愛されキャラで熱い人。

日航機の逆噴射事故が起こった時は、授業を中断してずっとテレビのニュースを見ていた。

星野先生は僕が百科事典を読んでいることを褒めてくれた。祖母が毎日唱えているお経を丸暗記していることを面白がってくれた。そして、僕がなぜキレるのかも理解してくれているようだった。

ある日の放課後、星野先生は僕を呼んでこう言った。

「堀江君、あなたは八女から出ないともったいないよ。久留米に『全教研』という進学塾があるから、そこに行って勉強しなさい。あなたみたいな人が何人もいるはずだから」

え？　塾？　はじめは勉強ができる僕がなぜ塾に行かなくてはならないのか分からなかった。

塾へ行くのはよほど授業に付いていけない子か、お金持ちの家の子だと思っていたからだ。でも星野先生のていねいな説明を聞いて、僕にはもう塾しかないという気持ちになっていった。

「塾で勉強して久留米大学附設中学を受験すべきよ。あそこには頭がいい子が沢山いるから、あなたの居場所もきっとあるはず」

僕は興奮していた。

知らなかった。そんな世界があるのか。塾には、そしてその学校には、僕の話を理解してくれる人がいるのか。得意な勉強さえすれば、ここことは違う場所に行けるのか。

家に帰った僕は、すぐさま両親の説得を試みた。もちろん彼らには息子を塾に通わせて私立の中高一貫校に入れるなんていう発想はない。すぐには許してくれなかった。お金の問題ももちろんあっただろう。堀江家は決して裕福ではない。

しかし、星野先生が強く勧めてくれていること、僕が勉強をしたいと思っていることを根気強く説明すると、最後には「それなら行ったらいい」と言ってくれた。

僕はなんの刺激もない場所から、理解者のいない場所から出て行くための足がかりを摑んだ。

久留米は別世界だった

柔道のことはどんなに通ってもまったく好きになれなかった。

火木土の週3回。自転車で30分もかけて通うから、終わって家に着くともう7時半。友達とも遊べないし、夕方のアニメも見られない。

そもそも運動が苦手な僕は、汗だくになって投げたり投げられたりすることになんの面白みも感じられなかった。その上、その道場は体罰が激しかった。

しゃべりながら乱取りをやっていたら、突然、竹刀が飛んでくる。そして竹刀を膝に挟んだ状態で、砂利の上に正座させられる。まるで拷問。

礼に始まって礼に終わるという武道特有の精神も芝居染みたものに思えた。礼儀に厳しい先生が、稽古といって僕のことを荒々しく投げ飛ばすことだってあった。その先生が人間として尊敬できる人だったかというと、そうは思えない。

大人だから、先生だからと言って偉そうにする。この道場ではこういう決まりだからというだけで、理不尽なことがまかり通る。先生も子どもたちも、そうしたすべてに疑いが一切ない。

つまり、道場には僕の苦手なタイプの人たちが集まっていたのだ。

しかしズル休みをしたら母にこっぴどく叱られるので、渋々通い続けるしかなかった。

同じ習い事でも、塾はまったく違った。

久留米の街へ出るだけでも、心が躍るようだった。

最寄りのバス停まで自転車を15分漕ぐ。そこからバスに揺られること30分。田んぼや畑ばかりだった景色が、住宅街、ビル、そして繁華街へと変わる。八女では考えられないほど多くの人が歩いているのを見て、僕は興奮と安堵を覚える。

久留米は松田聖子や藤井フミヤなど有名芸能人の出身地としても知られていた。だからというわけではないが、街には都会的で煌《きら》びやかな空気が漂っている。大型の本屋や映画館、電器屋もあり、大学生らしき若者たちも多かった。僕は八女にはまったくない文化的な匂いにうっとりした。

塾には面白い奴が沢山いた。孫正義さんの弟の泰蔵君（現「ガンホー・オンライン・エンターテイメント」会長）もその一人だった。医者など裕福な家の子が多く、彼らは勉強ができるだけでなく、物知りだったし、あか抜けた雰囲気を身にまとっていた。なぜか塾にミョウバンを持って来て、みんなになめさせていた変わった奴もいた。

彼らと話す時は、小学校の友達との間で感じるようなフラストレーションがない。話が通じるというのがこんなに楽だとは思わなかった。

勉強も初めて楽しいと思えた。クラスはＡＢに分かれていて僕はＡクラス。勉強ができる子はＡ、できない子はＢ。なんともシンプルで合理的だ。

先生の教え方も抜群に上手く、僕の知的欲求はどんどん満たされていく。できる子には次々と難しい問題が与えられる。やればやるほどできるようになっていくことが気持ちよかった。

小学校では勉強ができても、足は遅いし球技も苦手なので人気者にはなれなかった。そればかりか理由なくキレる問題児として扱われた。

しかしここでは勉強ができれば尊敬を集めることができた。試験の点数を上げることがすべてだった。

僕はまったく違う世界を知ってしまった。

単なる田舎の子ども

八女にいた僕がいつもいつも暗い顔をしていたのかというとそうではない。

確かにクラスメイトとは話が合わなかったし、両親との間にはぬぐい去れない違和感が横たわっていた。今の僕へと繋がるストーリーを分かりやすい線にしようとすると、そういう辛い記憶を並べることになってしまうのだが、そこからはみ出るような楽しい思い出だってそれなりにある。

だって僕はただの子どもだったのだから。

相変わらず母方の祖父の家にはよく行っていた。無類の甘党である祖父は、なんと白米にきな粉を振りかけて食べていた。

「貴文も食べんか?」

何度もすすめられたけど、それは勘弁。僕は甘いものが得意ではなく、その頃から酒のつまみ的な食べ物を好んでいた。

祖父の家は、温州《うんしゅう》みかんを主力にした農家で、山二つ分でみかんを栽培していた。田んぼも畑もあって、普段食べるもののほとんどを自作していた。ネーブル、はっさく、ぶどう、アケビ、イチジク、ザクロ、果物ならなんでもあった。

山では春になるとゼンマイやワラビ、ツクシなどが顔を出す。

特にワラビは市場でも珍重されていて1束10本が5円くらいで売れる。僕は暇にまかせてワラビ取りに熱中し、100束とか200束を集めては市場に持ち込んで小遣い稼ぎをした。

しかしなんといってもすごいのは温州みかんである。

秋になるとお手伝いのおばさんたちも集まっての大収穫祭。両親も手伝いに行くので、もちろん僕も参加した。

木からもいだみかんをサンテナーというプラスチックの専用カゴに詰めていく。みかんが100個から200個は入る大きさのカゴだ。まだ空の状態のサンテナーをひっくり返して並べて、滑り台のようにして遊ぶのが楽しみだった。

大量に穫れたみかんは、秋冬期のおやつとして毎日のように出てくる。その頃身体が黄色くなるくらい食べ過ぎたおかげで、大人になった今、滅多なことではみかんに手を伸ばすことはない。

正月になるとそこに餅が加わる。餅米も栽培していた祖父の家では、毎年、餅つきが恒例行事となっていた。

餅つきはまず、水に浸けて軟らかくした餅米をせいろで蒸すところから始まる。火遊びが好きだった僕は、いつもその前で火の番をしていた。祖母が蒸らし具合を確かめにくる時に、少しつまみ食いをするのが楽しみ。おこわのようになった炊きたての餅米に醤油をひとたらしすると、まさに極上の味。完成した餅よりもこっちの方が断然うまいと思っていた。

たまに杵も持たせてもらったし、つき上がった餅をちぎって丸める作業も手伝った。このあたりのノウハウは東京に出てきて餅つきをした時に大いに役立ったものだ。

つき上がった餅の半分はあんこを詰めて、あんころ餅にする。これも祖父の大好物だったが、僕は断然、醤油餅派。かまどに焼き網を置いて、その上で軽く餅をあぶる。早く焼けないかなと思って何度もひっくり返した。

そう、正月といえばおとそとおせち料理である。1月2日に父親と二人で親戚まわりをするのが恒例となっていて、1日で5、6軒に新年の挨拶に行く。

先々でおとそとおせちが出される。僕は子どもの頃から酒に強い体質だったので、しっかりおとそを飲み干す。大人たちも、面白がって飲ませてくれた。そして数の子が大好物で、どの家のおせちからも数の子を頂く遠慮のない子どもだった。

食べ物の話が続いたが、食欲だけが発達した子どもだったのではない。

人並みに、性への目覚めのようなものも感じ始めていた。もちろん、まだ小学生らしいかわいい感じだったけれど。

小学校4年の担任、ミサコ先生は20代半ばの若くてキレイな女の人。この先生に当時流行っていた「まいっちんぐマチコ先生」の真似をしてボインタッチ（つまり胸を触る）をしていた。やめなさい！ と怒られるけれども、小学生はそれでなかなかやめたりはしない。嫌がられれば嫌がられるほど、楽しくなるものだ。

ミサコ先生はなんと、水泳の授業の時にビキニを着てくるという強者だった。まだ小学校だから許されたのかもしれないが、男子にはなかなか刺激が強い。僕は友達と一緒にそのビキニのヒモをピョンと外す悪戯をして、また先生に怒られた。

ミサコ先生の結婚式に乱入したこともある。塾帰りに友達と二人で行ってみようかという話になり、花束を買って突然押し掛けた。果たして歓迎されたかどうかは記憶にないが、その時の僕は、「来たぜ、先生」という誇らしげな気分だった。

話が合わないと苛立っていた学校の友達とも、まったく遊ばなかったわけではない。それなりにアジャストして一緒にいることもできたのだ。

誰ともしゃべらなくていい、僕は一人でいいんだ、という孤高の姿勢を貫けるほど、僕の心は強くできていない。やっぱりひとりぼっちは寂しいし、つまらない。

だから心のどこかで馬鹿にするような気持ちはあったけれど、そしてたぶんそれは相手にも伝わっていただろうけれど、友達と呼べる存在は何人かはいたのだ。

勉強が得意なだけの田舎の小学生。

それなりに馬鹿で、それなりに幼くて、そしてそれなりに可愛らしいところもあったはずだ。

第二章　パソコンと思春期

パソコンがあればなんでもできる！

中学の受験勉強にはまったく苦労した記憶はない。与えられた問題に答えを出すことを繰り返していったら、成績はどんどん上がり、県内の優等生が集まる塾の中でも10位以内に入るようになる。

そして僕は久留米大学附設中学校になんなく合格。

「フセツ」と呼ばれるこの学校は福岡で一番の進学校。エスカレーター式で上がることになる高校は、当時東大合格者数で全国トップテンに入る有名校であった。

入ってしまえばこっちのものである。八女とは違う華やかな久留米の街が自分の日常生活の一部となる。

しかし僕が久留米で派手に遊び始めたのかというとそんなことはない。お小遣いはほとんどなかったし、それよりも魅力的なものに心を奪われていたのだ。

そう、パソコンである。

パソコンを初めて知ったのは、小学生の時に観た映画『ウォー・ゲーム』の中でだ。主人公はアメリカの高校生ハッカー。彼は初め先生のパソコンに侵入して、自分の成績を書き換える悪戯なんかをしていた。オンラインゲームにもハマっていて、偶然見つけた米ソの核戦争をシミュレートするゲームに熱中する。しかしゲームだと思っていたのは、北米航空宇宙防衛司令部（NORAD）の核戦争シミュレーターで、NORADのスタッフは実際にソ連が軍事行動を始めたと勘違い。あわや第三次世界大戦勃発か！　というなんとも壮大なストーリーだった。

映画とはいえ普通の高校生にこんなことができるなんて。パソコンってすごい。これさえあればなんでもできるんじゃないか。

九州大で助教授をしていた従兄弟に日本初と言われているパソコン「ＭＺ80Ｋ」を触らせてもらったこともあり、なんとしても自分のパソコンが欲しいと思っていた。

結論から言うと、僕は中学の入学祝いとして両親にパソコンを買ってもらった。日立のＭＳＸパソコン「日立Ｈ２」。値段は約７万円である。

このパソコンになったのには、いくつかの理由がある。

パソコン雑誌を読み込んでいて、それなりの知識があった僕は、それが当時のパソコンとしても使えないものであることは分かっていた。本当は違うものが欲しかったのだ。

しかし父親が日産系の会社に勤めていたので、家電を買うならば日立のものにしなければいけないというルールがあった。何の話かと思われるかもしれないが、日産と日立は創業者が一緒で、もともとはグループ企業。当時、日産系に勤めるサラリーマンには会社を通して日立のカタログを取り寄せ、商品を買うという慣習があったのだ。いわゆる社販である。

また7万円という値段が、お金がない堀江家にとっては限界だった。

そもそも買ってくれるというところまで説得するのも一苦労。中学に合格したからという理由だけではまだ足りなくて、いかにこれからパソコンが重要な時代になってくるか、そしてパソコンは決して遊びのためのものではなく、勉強に使うものだと繰り返し説明する必要があった。

「そのパソコンじゃないんだよ」と言ってはみたものの、「買ってもらえない家もあるのに」と返されると言葉がない。実際のところ、7万円だって両親に買ってもらったものの中で一番高価なプレゼントとなる。

使えないことは分かっている。でもパソコンは欲しい。

そんなこんなで僕の人生1台目のパソコンが我が家にやってくる。

朝から晩までプログラム三昧

MSXパソコン「日立H2」でなにをやっていたのか。

勉強のためという名目で買ってもらったけれど、勉強なんかに使うわけがない。学校が終わってまっすぐ帰宅してすぐにパソコンを立ち上げる。深夜まで熱中していたのはゲームのプログラミングだった。

ゲームソフトを買うお金がないので、自分でプログラムを打ち込まない限り遊ぶことができない。少ない小遣いで買った「マイコンBASICマガジン」や図書館にあった「月刊アスキー」などのパソコン雑誌に掲載されていたプログラムを片っ端から入力した。キータイピングもまったくの自己流だけれど、日に日に速くなっていった。

単なる英数字の羅列が、やがて音となり、グラフィックとなる。

画面の中に自力で世界を立ち上げたようなあの興奮は今でも忘れることはできない。

やっぱりパソコンはすごい。僕は時間を忘れてキーボードにしがみついた。

しだいに既存のプログラムだけでは飽き足りなくなり、友人らと協力してプログラムを作り、雑誌に投稿した。しかし当時のMSXのユーザーは多くてなかなか採用されない。

文字通り寝食を忘れて熱中していたので、学校の成績は瞬く間に急降下。激昂した母親にパソコンを捨てられ、泣きながらゴミ捨て場に走って救出、なんてこともあった。

しかし知識と技術が高まってくるとともに、いよいよMSXでは我慢できなくなってくる。フロッピーディスクは付かないし、メモリも極端に少ない。動作も遅いし、グラフィックスも貧弱。ゲームができるといっても、ファミコンのレベルには遠くおよばず、ワープロとして使えるかというとそれもダメ。ものすごく中途半端なマシンなのである。

僕はこのMSXを愛情を込めてこう呼んでいる。

「世紀のクソ規格」

安価で汎用性が高いパソコンを作ろうという狙いが見事に外れて、とても残念な出来損ないが誕生した。日本のパソコン黎明期の見事な失敗作の一つである。

ちなみにこのMSX、パソコンとしては失敗したが後にパチンコ用などの制御用としてかなりの台数が出荷されたらしい。

パソコン目当ての塾通い

中学になってからも、僕は塾に通っていた。

受験が終わってまで塾へいく必要なんてまるでなかったのだが、小学校時代の「全教研」と同じ会社が運営するCAI教育（コンピューターを使った教育方法）を提唱する塾に、うまいこと勧誘されてしまったのだ。

決して勉強がしたかったのではない。その塾のパソコン環境が魅力的だったのだ。そこでは「日立ベーシックマスター　レベル3　マーク5」（以下「BM」）という高価かつマイナーなマシンを使って、英検用の学習プログラムを動かしていたのだ。

「ＢＭ」はＭＳＸなどよりも遥かに高いグラフィックス性能で、ゲーム制作に役立つスプライト機能（ゲームのキャラクターなどの小さな絵を高速で動かす機能）もあった。

その塾には当時まだ珍しかった３・５インチのフロッピーディスクドライブもあり、僕はこれを使って「シャープ Ｘ１」用のゲームをＢＭに移植して雑誌に投稿することを思いつくのである。

投稿は見事掲載され、掲載料の１万円（源泉徴収されて９０００円）が振り込まれた。僕がプログラミングによって初めて得た報酬である。

しかしここまでスキルが上がってくると、もはやＭＳＸにはまったく興味が持てなくなってきた。僕はついにＭＳＸを友人に売り飛ばすことを決意する。確か買った値段の半分くらいの値で売れたはず。

あれほど夢中になっていたのに、結局使っていたのは１年足らず。もったいないと思われるかもしれないが、当時のパソコンを巡る状況も、僕の知識や技術も、ものすごいスピードで進化していたのだ。

オタクと呼ばないで

自宅にパソコンがない生活が始まった。

勉強に精を出したのか？　色気付いて女の子と遊び出したのか？

答えはどちらもＮＯである。

パソコンを持っていない僕は、パソコンがある場所に入り浸っていたのだ。

「ＢＭ」を使うためだけに塾へ行く。勉強用のパソコンでプログラムをいじっている僕を、塾の先生はなんとなく許してくれていた。憧れのマシンＮＥＣの「ＰＣ－88ＳＲ」を所有する金持ちの友達の家にも頻繁に遊びに行った。

そして極めつけは久留米のベスト電器である。この店に通い詰め、デモ用のマシンを勝手に使うという荒技を駆使していた。店員にはもちろんうざがられていたけど、お構いなし。我ながら恐ろしいまでの執念である。

久留米市はそこそこの都会。パソコンソフトのレンタル店も2軒あり、ありがたいことにコピーソフトまでレンタルできるというユルさを兼ね備えていた。中学の先輩にはレンタルソフトをコピーして後輩に売って小銭を稼ぐという剛の者もいたりした。メーカーも徐々にコピー対策に力を入れ始めてきたが、僕らは『ザ・プロテクト』というマニアックな書籍を読んで、コピーガードを外して遊んでいた。

パソコン仲間が中学でパソコンクラブを立ち上げたのだが、僕はそこには入らない。一番の理由はオタクと思われるのが嫌だったこと。当時はパソコン愛好者＝オタク＝ダサイという色眼鏡で見られることが普通で、自分がその中の一人として思われるのは堪え難い屈辱だった。

ではどんな部活に入っていたのかというと、化学部である。

運動部は向いていないし、男子校なので女子に対して格好つける必要もないので、パス。化学部は、塾時代の友達でミョウバンをなめさせてきた奴が創設して、誘われたということもあるし、化学室に助手のお姉さんがいたのも大きい。

男子校の化学部はやることがメチャクチャである。王水で10円玉をメッキする（これはたぶん犯罪だ）、トリニトロトルエンを合成する、ゴム接着剤と過塩素酸ナトリウムを燃料にしたロケットを飛ばす……。しょうもないのに、危険なことが多い。

ちなみに久留米はブリヂストンの企業城下町で街中に化学薬品卸売店が多く、当時は今よりずっとおおらかな時代でもあったので、中学生が過塩素酸カリなんていう劇薬を売ってもらえたのだ。

そんな日々に、当然女っけはない。

小学校の時から運動の苦手な僕は、明らかにモテるタイプではなかった。

男子校という状況がさらにそれに拍車をかける。

まず出会いがない。電車通学だったら、いつも同じ時間に乗ってくるあの子、なんてこともあったかもしれないが、僕は毎日10キロの距離を自転車で通っていたのだ。田舎から黙々とチャリ通してくる姿にときめいてくれるような奇特な女子は皆無だった。

それでも一度だけダブルデートめいたものをした事がある。母に無理矢理行かされたキャンプで知り合った友達たちと、男女4人で博多に集まって遊んだのだ。確か大濠公園でボートを漕いだ気がする。でも博多往復は中学生にはお金がかかりすぎるし、取り立ててまた会いたいとも思わなかったので、彼女たちとは一度きりになった。

パソコン以外では胸躍るようなことがなに一つない、ある意味で平穏な日々だった。

新聞配達という苦行に耐えた理由

新聞配達をしていたと言うと驚かれる。世間でイメージされている僕と新聞配達という仕事はもっとも遠いところにあるのかもしれない。

もちろん僕だって好きでやっていたわけではない。雨の日も雪の日も毎朝5時に起きて自転車に跨《また》がり、100軒以上に配達するのは辛い作業だった。

家計を助けようとか、将来のために貯金をしようという美しい話でもない。

新しいパソコンのためだった。

NECの「PC-88SR」。友達の家やベスト電器の店頭で幾度となく触っていて、我が家にもこれさえあればと恋焦がれていた。しかし高い。高すぎた。

繰り返しになるがお金のない堀江家には、もうこれ以上息子の道楽に費やすお金はない。僕に貯金はないし、ＭＳＸを売り払った時の数万円も、ゲームや漫画に消えてしまっていた。

そこにグッドニュースの到来。廉価版となる「ＰＣ－88ＦＲ」が発売されたのだ。

しかし廉価版といえども、本体とモニターを合わせると20万円を超えてくる。ダメもとで親に相談してみると意外な答えが返ってきた。

「お金を貸してやるから、新聞配達のバイトで返せ」

なるほど、その手があったのか。

正直、新聞配達は嫌だったのだが、田舎の中学生に許されたアルバイトは新聞配達くらいしかない。背に腹は代えられないのである。

僕はほどなくして憧れの「ＰＣ－88ＦＲ」を手に入れた。

この経験から僕は一つのことを学ぶ。借金をすることは決して悪いことではない。むしろいい借金は進んでするべきだという考えを得たのだ。

お金を借りることができれば、明日にでも新しいパソコンが手に入る。「ＰＣ－88ＦＲ」を必要としているのは今の僕だ。1年かけて自分のお金が貯まるのを待つよりも、すぐに買える方法があるのであれば、そっちを選んだ方が合理的。1年早くパソコンを使えることになる。どちらにせよ新聞配達はしなくてはならないのだし。

この考えについては、いろんなところで話したり、書いたりしている。借金することによって時間をショートカットすること。はじめて会社を起こした時もそうだし、会社を大きくしていく過程でも、僕の信条の一つとしてあった。

ところで、いきなり20万円を貸してくれた親は何を考えていたのだろう。情にほだされるような人ではないし、甘やかそうとしたのでもないだろう。

生意気で世間知らずだった僕に、働くこと、お金を稼ぐことを学んでほしい。社会の厳しさを身をもって経験してほしい。そんな気持ちがあったのかもしれない。

とはいえ新聞配達は本当に苦痛で、その割には給料が少なく愕然としていたことも確か。この仕事を通して学んだことは、なんだろう、親には申し訳ないが特に思い当たらないかもしれない。

楽しいことのためには嫌なことに耐えなくてはいけないという考え方があるが、この頃から僕はそういう論理とも言えない論理に違和感を持っていた。嫌なことに費やす時間をなんとかして失くすか、減らすかして、楽しい時間を少しでも増やすべきだ。人生には限りがあるのだから。

とはいえ田舎の中学生にできることは、毎朝早起きして新聞を配ることだけだった。

プログラミングが仕事になった日

憧れの「ＰＣ－88ＦＲ」を手に入れた僕のパソコン熱は否が応にも高まった。

金持ちの友達から借りたゲームソフトもプレイしたが、やはり熱中したのはプログラミングだ。

当時ＲＰＧの先駆けとして人気を博していた「ウィザードリィ」「イース」「ソーサリアン」などのゲームに驚嘆し、一刻も早く自分でゲームを作れるようになりたかったのである。

絵を描くのが上手い友達などを集めてゲーム制作チームを作るのを夢見ていたが、進学校なので勉強重視派が多数。しかも僕の家は学校から10キロも離れていたので、放課後に集まったりすることもできない。今ならば、ネットを駆使してコラボするのは当たり前だが、パソコン通信が始まったばかりのその頃は、とてもそんな環境ではなかった。開発者のための専門書も少なく、あったとしてもとても高価で手が出ない。

もし僕が首都圏に住んでいれば、有名ソフトハウスの門を叩くなんて方法もあったのだろうが、八女からでは福岡市まで行くのにも片道2時間である。

ああゲームが作りたい。でもこんな田舎ではどうしようもない。

行き詰まっていた僕のもとに思わぬ依頼が舞い込んでくる。

相変わらずパソコンを触りに行っていた塾が、すべてのパソコンを「ＰＣ－88」に交換するという。

「堀江君、システム移植作業やらない？　バイト代は出すよ」

ゲームのプログラムとはいえ移植ならば経験はあるし、クリエイティビティが必要とされる作業でもない。できる。

「やります」

そう即答した。

塾の事務所フロアで僕は「仕事」に没頭する。学校が終わったらすぐに塾に行って黙々と作業を続けた。そして数日をかけて、無事納品することができたのだ。

さらに僕は頼まれていないサービスまで付けた。「PC－88」の640×400ドット解像度モードで、疑似カラー表示＋漢字フル表示&入力実現の英語学習ソフトにアップグレードしてしまったのだ。ゲーム作成の過程で習得したアセンブラが役に立った。

ギャランティーは10万円。中学生にとっては大金だ。えっ？　こんなにもらっていいの？　プログラムって儲かるんだと初めて思った瞬間だった。

後になって冷静に考えれば、塾側は業者に頼めば数百万円かかる作業を、〝はした金〟で中学生にやらせることに成功したのだ。

でもその時の僕はただただ嬉しかった。

お金以外にもこの仕事から得るものは大きかった。自作ゲームを作るのは難しいが、業務用ソフトを仕様通りに作るのは簡単であると分かった。そしてサービスで付加価値を付けると喜んでもらえることも理解する。

とはいえまた同じようなことをしようとは思わなかった。「仕事」としての難易度が低い分、面白みには欠けるからだ。

もっと難しいことがしてみたい。もっとやりがいのあることがしてみたい。中学生の僕は生意気にもそう考えていた。

BBSで世界と繋がる

84年に電気通信事業法が制定されたことをきっかけに、日本でもパソコン通信が誕生する。パソコンとは画面の中に思いどおりの世界を立ち上げるためのツールと捉えていた僕だったけれど、僕の興味もパソコン通信に移りつつあった。

どうやら「草の根BBS」なるものが全国のあちこちにできているらしい。これに接続するためには、パソコンのデータを電話線にのせるための「モデム」という機器が必要だ。

久留米市にある電子パーツ専門店に行ってみると、モデムが2、3万円で売られている。塾でのシステム移植による報酬が残っていたので、それを買ってみることにした。通信速度は300bps。当時にしても頼りないスピード（現在増えている1Gbpsの光ファイバーならば約330万倍もの速度が出る）ではあったが、早速自宅に設置して、パソコン雑誌で見つけた福岡市にあるBBSに接続してみる。

本当に繋がるのかな？　しばらくしたら、1文字ずつ視認できるほど遅いスピードで、テキストが表示されてきた。

繋がった！

この時、まるで世界と繋がっている感じがして興奮がこみ上げてきたことは、よく覚えている。

しかし当時は「繋ぎ放題」がないどころか電話代も高く、長距離通話となればさらに高額になってしまう。通信速度が遅いせいで接続が長時間にわたることも問題だった。

しかも自宅にあるのは黒電話1台のみ。本当はダメなのだが、勝手に電話線を分岐させて、自室のモデムに繋いでみた。電話をかけようと思った親が、受話器からモデムのピーガー音を聞いて、「なんだこれは！」と怒ったりもした。

しかし、世界と繋がるという欲求に抗えなかった僕は、更なる暴挙に出る。

ゲーム「大戦略」をやるために買った「PC－98F」が予算不足で5インチフロッピーを付けられずに燻《くすぶ》っていたので、それを利用して自宅内にBBS局を立ち上げることにしたのだ。

パソコン雑誌に載っていたBBSホスト用のプログラムを友人と一緒に改造し、新たに購入した1200bpsのモデムを繋げて、自作BBSを開局したのだ。

当時は新たに電話回線を引くだけでも権利金として数万円の初期費用がかかるような時代だったので、回線は相変わらず自宅電話と共有。誰かがアクセスしてくると夜中でもジリリと黒電話が鳴り数回で止まることがよくあって、よく家族からクレームを付けられていた。

福岡市などの著名ＢＢＳに開局案内の投稿をしたものの、なんの特徴もない田舎ＢＢＳを訪れる人はほとんどいない。来訪者といえば、モデムを持っている友人数人だけ。今でいう人気のないブログのような状態だった。

それでも僕は自分なりに満足していた。世界とハイテクツールで結ばれているという妄想に浸っていたのだ。

しかし数カ月後、その妄想は粉々に打ち砕かれる。

外部からアクセスしてきた玄人っぽい人に、僕のＢＢＳのつたない有様を掲示板で思いっきりディスられたのだ。

確かにしょぼい局であったかもしれないが、そこまで罵倒しなくてもというくらい悪口が書き込まれた。

Twitter、ブログ、2ちゃんねるなどで悪口を書き込む人がいるが、それとまったく変わらない。今でこそ僕は、数えきれないほどのバッシングのお陰で、耐性が最強レベルになっているが、当時はまだ中学生である。

自意識過剰で、世間知らずで、田舎者で、おまけに童貞のお子様にとっては堪え難い屈辱と恐怖であった。

僕はその書き込みから1カ月も経たないうちにＢＢＳを閉鎖する。

そればかりかあれほどまでに滾《たぎ》っていたパソコンへの情熱すら急速にしぼんでいくのだった。

自堕落な思春期

中学3年から高校1、2年の記憶があまりない。なにをしていたのかと問われれば、ただぶらぶらと遊んでいました、となる。でも今となれば、その時間もまったく無駄だったとは思わない。

なにもない八女という街や、理解し合えない両親へ不満をつのらせた。それはもう爆発寸前だったと言っていい。はじめは煌びやかに思えた久留米にも、中途半端で未来がないと見切りを付けていた。勉強にしか興味がない多くのクラスメイトのことを、つまらない奴らだと馬鹿にしていた。

でも、この時の絶望に近い感情が、後になって自分を突き動かす原動力となったのは確かだ。たとえばもし僕が金持ちの息子で、小学校からずっと慶應に通っていたとしよう。気の合う仲間たちと机を並べ、放課後は都会の恩恵を存分に享受していたとしたら……。僕はこれだけ貪欲に働き続けられたかはわからない。遊びや食べ物や女性に対して、こんなにもアグレッシブな気持ちを持てただろうか。

辛い時期があったから今があるというストーリーは趣味ではないけれど、エネルギーを溜め込んでいた時期だったとは考えられる。

それにしても僕はなにをしていたのだろう。

パソコンは部屋の隅に追いやられ、埃を被っているような状況だった。勉強はもちろんしていない。成績は下降の一途を辿っていて、200人中199番になった時はさすがに驚いた。

ビリヤード場やゲームセンターに入り浸っていた記憶もある。

あとは……麻雀だ。

堀江家では両親とも麻雀が好きで、昔から親戚が集まると卓を囲んでいた。側で見ていた僕は幼い頃からルールを覚え、小学生になるとメンツに加わっていた。

高校時代は週末になると友達の家に泊まり込んで麻雀をした。その時点でキャリアはそれなりにあったので、腕前には自信を持っていた。高校生のレートなので、もちろん大したお金にはならないけれど。

そう、お金はいつもなかった。小遣いはないに等しいくらい少なかったので、昼食代としてもらっていた400円を節約。学食のうどん160円で我慢して、浮かせた240円をコツコツと貯め、CDや漫画を買った。

それが特別辛かったわけではない。親に言わせると「お金がかかる私立に行かせてやっている」となる。確かに贅沢は言えない。

こういうものなんだからしょうがない。こういう家なんだからしょうがない。それについて考えるのは無駄なことだ。

ただ本当に耐えられなかったのは、女の子のことだ。

中学、高校といえば思春期真っ盛り。当たり前だが、急激に異性に対して興味が高まる時期である。

進学校で真面目な奴が多かったとはいえ、「あいつはセックスをしたらしい」という噂が聞こえてくることもある。本当か？　なんて羨ましいんだ！

まったくモテないどころか、出会うチャンスにも恵まれなかった僕は、世の中には男女がほぼ半々の割合で存在することが信じられなくなっていた。一生彼女ができないかもしれないと恐怖に戦《おのの》いた。女の子が自分とはまったく別種の生き物であるかのように感じられた。しっかりと童貞をこじらせたのである。

これはその後、10年以上も僕の女性への接し方に大きな影響を与えるのだった。

理系か文系かは問題じゃない

「理系にする？　文系にする？」

中学入学の直後から、そんなことを聞いてくる同級生がいた。

くだらねえ。

僕はいつもそう思っていた。

「フセツ」では文系か理系かを選択できるのは高校2年になってからだ。それまではできることもやるべきこともなに一つないではないか。理系の志望校に合格するために、今から時間をかけてコツコツ数学の勉強でもしようというのか。お前はそんなに頭が悪いのか。そして今やりたいことはないのか。

「文系」「理系」を選ぶことによって、人生の舵を切ろうとしている奴がいることも意味不明だ。

法律家になりたいから文系、科学者になりたいから理系というのならまだ分かる。数学が苦手だから文系かな、みたいな単純な苦手意識で将来を決めようとしている馬鹿が多すぎることに愕然とした。

県下一の進学校である「フセツ」には、こういう真面目な勉強家タイプが本当に多かった。友達と呼べる奴は何人かいたものの、ほとんどとは話が合わない。彼らは見ていること、考えていることが、小さくて、つまらないのだ。

「フセツ」は当時、東大合格者数で全国トップテンに入っていたものの、実際は東大よりも九州大学志望者の方が多い。九州という田舎独特の古くからの価値観では、地元の名門国立大学である九大に入るのがエリートコースというわけだ。医者の息子が多く、東大に行ける学力がある奴らでも、九大医学部を目指す。なにも東京まで行かなくても、というやつだ。

半ば限定されたような人生に疑問を持たないのかと心底、不思議だった。九州以外の情報が少ない昔ならともかく、テレビもあるこの時代、日本の中心が東京であり、政治も経済も文化もすべて東京を中心にまわっていることは子どもでも分かる話だ。

そこにリーチできる可能性、学力がありながら、九大で充分というメンタリティーが理解できない。

面白い友達に出会えて、刺激的な仕事に就けて、多くのお金を稼げて、旨いものを食べられて、可愛い女の子と知り合える。そんな可能性をみすみす放棄してしまう理由が僕には一つも見当たらない。

僕は東京に行くんだ。

八女の実家にいるなんてあり得ない。博多に行ったところで大して変わりはしない。名古屋や大阪も中途半端だ。将来やりたいことなんて分からないけれど、東京に行けば、なにかあるだろう。

しかし僕は中学入学以来ほとんど勉強をしていなかった。

入学時は上位だった成績も、1年1学期の中間試験からガタ落ち。以来、200人中170番から180番あたりを低空飛行している。

パソコンに熱中していたことが原因と思われるかもしれないが、厳密に言うと、それは正しくない。

僕は勉強する必要をまったく感じていなかったのだ。

まず高校の勉強は大学受験のためのものと完全に割り切って考えていた。そして受験勉強は集中して半年もやれば充分だと予想がついていた。つまり3年になってからやればそれでいいのだ。

もしも高校1年で大学が受験できるならば、僕は高1から勉強を始めただろう。あるいは飛び級制度が存在するのならば、とっとと卒業できるようにしたはずだ。

しかし高3にならなければ、大学を受ける資格は手に入らない。それならば高3になってから準備を始めれば充分。それが一番合理的だと考えた。

確かに今は170番から180番かもしれないが、同級生たちを見渡して、僕のポテンシャルが劣っているとは思えない。中学入学の時を考えると、むしろ僕はかなり勉強ができる方だ。半年あれば充分。誰に教わったわけでもないが、これは自分の中で、シンプルな結論として揺らぐことがなかった。

実家を脱出するには東大に行くしかない

東京大学。

僕は迷わずそう書いた。

高3の春。進路指導の時間のことだ。

先生がどう思ったかは分からない。

「そう決めたのなら頑張りなさい」

短い一言をもらった。もちろんどう言われても考えを変える気はなかった。

努力目標を掲げたわけではない。合理的に考えると、僕には東大しかなかったのだ。

東京の大学へ行くことはずいぶん前から決めていた。とりあえず八女を、九州を出て東京に行く。それからのことはそうなってから考えればいい。

東京に大学は沢山ある。ただし私立は早々に除外せねばならなかった。うちの両親がそんな高い学費を出してくれるはずがない。

都内の国立大学ならば一橋もあるが、九州の田舎者にとってはマイナーな大学。それなら九大にしろと言われるのが関の山だ。

両親を納得させるには、いや彼らに何も言わせないには東大しかない。

日本一の大学と言われる東大でなければならない。

「東大に行くから」

両親にはもうすでに決まったことのように伝えた。

「分かった」

そんな一言が返ってきただけだった。

春の東大模試ではF判定だった。判定不能。諦めなさいのレベルである。しかし諦める必要はさらさらない。なぜならただ勉強していないだけで、勉強すれば合格すると信じていたからだ。

受験勉強は半年あれば充分が僕の持論。半年間集中すればなんとかなると信じていた。重要なのは時間ではなく集中力。半年間ならば集中力も持続できるだろう。

だから東大に行くと決めてもすぐには勉強を始めなかった。本格的に取り組んだのは、梅雨時になってから。雨の中、書店に赤本を買いにいったことを覚えている。

僕の受験対策はとにかく英語の点数を上げること。文系なので英語の配点が一番大きく合否を左右する。ちなみに受験勉強前のセンター試験模試では英語の正解率は5、6割しかなかった。これを9割5分まで持っていく必要がある。

まず、なぜ今の僕は英語ができないのかを過去問に向かいながら分析する。単語を知らないからだという結論が簡単に導き出された。単語を知らないから文法に惑わされる。言葉の意味が分からないから文意が摑めない。

受験英語とは単語力の勝負なのだ。

そうなればやることは決まった。単語を暗記することに集中すればいい。

翌日から僕は、先生おすすめの単語帳を丸暗記し始める。単語だけではなく、そこに出てくる派生語も例文もすべて覚える。難しいことなんてなにもない。集中力さえあればできる。僕のポテンシャルは決して低くないのだから。

ノルマは1日2ページ。12月までかかる予定だったが、秋口にはすべてをインプットすることができた。

案の定、単語力が上がるとともに、英語の点数は飛躍的に上昇していった。他の科目についても効率と集中を意識して勉強し続けた結果、受験直前の模試では、充分合格が狙えるレベルに達していた。

何度も集中力と書いているが、僕はこの集中力のために、1日10時間の睡眠時間を確保した。受験には「四当五落」、つまり4時間しか寝なければ合格するが5時間寝たら不合格、という言葉があったが、なんの冗談かという感じだ。

1日は24時間である。これは誰にでも平等だ。この24時間の中でどれだけ集中して勉強できるかが重要であって、睡眠はその集中には欠かせないもの。睡眠不足の朦朧とした頭で5時間勉強するよりも、クリアな状態で1時間やる方がどれだけ効率的か。

僕の場合、10時間寝さえすれば、残りの14時間は集中できると分かっていたので、最後の最後まで10時間睡眠を守り続けた。その代わり14時間のほとんどすべてを勉強に費やした。

苦労という言葉が大好きな日本人は、きっと血の滲むような猛勉強をしたのだろうと想像する。

しかし僕にとっての受験勉強は面白いゲームのようなものだった。ゲームにハマっているうちに、成績はどんどん上がっていく。

そして僕は東大に合格した。

上京する僕と残される両親

合格発表は見に行かなかったので、先生からの電話で知ることになった。

そもそもは後期日程で合格する計画だったので、前期での合格には驚いた。こんなに上手くいっていいのか？　というのがその時の正直な感想。

すぐに両親に伝えたが、それほど喜んではもらえない。「おめでとう」とか「よかったね」とかそんな言葉はあったはずだが、いつもの冷めた感じが変わる様子はなかった。

合格から上京まで時間はあったはずだが、僕はその間、両親とどんなことを話したのかほとんど記憶していない。

この街から、この家から出られる解放感に舞い上がり、東京での自由気儘な生活を夢想する息子を、彼らはどんな気持ちで見ていたのだろう。

出て行く方はいい。その先には明らかな希望がある。でも出て行かれる方にはなにがあるんだろう。

大学在学中に起業した僕には、その後、人生を振り返る余裕なんてまったくなかった。だからこの時の両親の気持ちを想像したことなど一度もなかった。

けれど収監されて初めて、それまでの自分や関わってきた人たちのことを思い出し、考えた。人の気持ちを理解するのが得意ではない僕が、その中でももっとも分からなかったのが、この時の両親の気持ちだ。

父や母はどうひいき目に見ても立派な人格者ではなかった。しかし彼らは勤勉に働き続け、それで得たお金のうち少なくない額を、この僕に費やした。また彼らは愛情を表現するのが苦手だったが、僕のためにしてくれたことは数限りなくある。そこに愛情がなかったわけではない。

しかし息子は家を出て自由気儘に生きることを強く望んだ。

母は「本当は行かないでほしい」と寂しがっていたのか。父は「いつか帰ってこい」と望んでいたのか。もし理解できない息子が巣立っていくことに安堵を覚えていたのだとしたら、少し気が楽になる。

未だに僕と両親は、改めてそんなことを話し合える関係にはない。父と母が別居している今、八女に帰っても、あの頃の堀江家はもう存在しないのだ。

僕はきっと、彼らの気持ちを分からないまま、一生を終えるのだろう。でもそれは仕方がない。

八女から出られるということは、物心ついた時から僕にまとわりついている疎外感や違和感から抜け出すことだと感じていた。得体の知れない田舎の決まり事や共同体意識から遠く離れて、僕はもっと自分にフィットする空気の中で生きるのだ。

それから先、僕は東京という街で、九州には一人もいなかった面白い人に出会い、人生を懸けるべき仕事に没頭する。使い切れないほどの大金を手にし、テレビでしか見ることのできなかったような美しい女性と恋をする。

堀江貴文が東京を選んだこと。それはどこからどう考えても正解だ。

18歳の僕も、今の僕も、変わらずにそう思っている。

第三章　ダメ人間

恐るべき東大駒場寮

防空壕みたいだ。

僕は驚きで足を止めた。

ひび割れたコンクリートの外壁にはツタが縦横に走っている。窓ガラスが割れたままの部屋もある。今にも崩れてしまいそうなこんな建物に本当に人が住んでいるのか？

東大駒場寮。怖いもの見たさで、入り口の立て看板をよけながら、恐る恐る中へ入った。

薄暗くて長い廊下には、いつの時代のものかも判別できないような家具やゴミが打ち捨てられている。壁のあちこちに謎めいた絵や落書きがあり、中には戦中に書かれたような時代がかったものもあった。

汚いを通り越して、もはやカオスだ。

その中の一つの部屋の前で、聞き覚えのある声がした。高校の同級生の松尾君だ。彼は東京理科大に合格していたのだが、僕がまだ住む場所を決めていないと言うと、彼のお兄さんが住んでいるこの部屋に住んだらどう？　と言ってくれたのだ。

案内された部屋もまたひどいものだった。

コンビニ弁当の空き容器やビールの空き缶がそこら中に散乱。雑誌、ありとあらゆるゲーム機、そして大量のビデオテープが床を占拠している。パイプベッドや冷蔵庫、炊飯器からは、一応は生活の場所であることはわかるのだが、部屋の真ん中に鎮座しているのは、なんと麻雀卓である。

そして麻雀卓にはこの部屋の住人である松尾君のお兄さんと、すでに20代半ばをすぎていると思われる小太りのおじさんが座っている。

「どうぞどうぞ、そこ座ってよ」

僕は挨拶もそこそこに牌を摑まされることになった。

松尾君のお兄さんは、仮面浪人までして東大に入ったものの2回も留年しているらしい。そして小太りのおじさん、高見さんは博士課程の修習中で、みんなにはドクター高見と呼ばれていた。

麻雀には多少自信のあった僕だが、東大生の麻雀はさすがにレベルが高い。特にドクター高見さんの打ち筋は独特で、なんでも20年間無敗の雀士桜井章一の主宰する雀荘「牌の音」の常連だという。

やるなあ東大生。面白えな、東大麻雀。

その日はなんとか凌いでギリギリのプラスという成績。メンツとして認められた僕は、住人二人からも誘われる。

「この部屋、一人分空いてるから、このまま住めば？」

そんな顛末で、僕は憧れの東京生活を、この古くて汚くて、最高に男臭い東大駒場寮でスタートすることになった。

東大生の自治寮として全国的に有名だった東大駒場寮は、残念ながら01年に取り壊されてしまった。僕が入学した91年の秋、大学側が一方的に廃寮を決定し、95年には入寮者募集を停止したので、僕はほぼ最後の世代の正式な寮生となる。

南寮、北寮、中寮、明寮という四つの鉄筋コンクリート3階建ての建物は、どれもが戦前に建てられたものだったが、ものすごく頑丈に造られているのが特徴で、部屋の壁は厚さが1メートルもあると言われていた。

ある時、同室にいる奴らと、今日はなんだかすごく暑いなと言い合っていたら、下の階でボヤが起きていたなんてこともあった。なんとも恐ろしいような、頼もしいような、そんな訳の分からない建物なのである。

ありがたいのは家賃にあたる寮費がなんと月に４８０円であること。

光熱費や水道代を入れても３０００円か４０００円という破格の安さだ。この値段と社会から隔絶された空気が自堕落な人間にはとても居心地がよいらしく、東大の籍をなくしても居座る連中がいたくらいだ。

寮生たちは二人か三人で一部屋をシェアしている。驚かれるのが24畳という部屋の広さ。アパート暮らしの同級生たちは6畳一間きりで月7万円とかだったから、仕送りの少ない身としてはありがたいことこの上ない。

それでもやっぱり多少の不都合はある。一部屋あたりの電流容量が15アンペアと極端に低かったために、エアコンはもちろん、ドライヤーですらブレーカーを落とす原因となった。

それから一緒に遊ぶ仲間が沢山いるというのも、学生にとっては危険なことだ。

僕の住む北寮の3階24Sは、夜毎麻雀が行われると言ってもあくまでも趣味程度のものだったが、寮内には三つの麻雀専門部屋があった。

中でも驚いたのは北寮15S。そこはもう完全に雀荘と化していて、場代を取って運営されている。定期的に更新されている全自動卓があり、店員らしき役割の人もいて、カップ麺や漫画雑誌も常備。レートも僕らの部屋の倍。そしてそこに行けば24時間メンツが揃っている。

15Sの主であるフセヤさんも奇妙な人だった。4年間教養学部に通った後に除籍になり、そのまま近くのセブン－イレブンでアルバイトをしながらずっと駒場寮に居座っていた。そしてメチャクチャ麻雀が強い。

駒場寮は東大駒場キャンパスの中にある。つまり通学にまったく時間がかからない。なんと昔は校舎と地下道で繋がっていたのだが、それは東大闘争の時に閉鎖されたらしい。

それなのに僕は真面目に授業には出なかった。

そう、麻雀ばかりしていたのである。自分の部屋で、そこにメンツがいなければ麻雀部屋で。日の高いうちから、そして夜は誰かが寝落ちするまで。

大学生活は麻雀を中心にまわり始めた。

キャンパスライフの寂しい現実

東大に入ったらこっちのものだ。そう思い続けてきた。

なにがこっちのものかというと、それはもう総合的に。話が合う友達も沢山できて、可愛い彼女と付き合えて、将来を懸けるべきなにかも見つかって、完璧に充実したキャンパスライフを送る。そのはず、だった。

しかし物事はなかなか上手く運ばない。

入学式直後のクラスコンパの段階から、東大にも面白い奴はいないということが分かってしまった。久留米の「フセツ」がそうであったように、多いのは真面目な勉強家タイプ。積極的に話しかけて友達になりたいなんて奴は見当たらない。彼らと遊ぶくらいなら、寮の先輩と麻雀をしてた方がずっと性にあっている。

それでも一人、ロンゲで細身の、はじめは女と間違えてしまった中谷君は、僕と同じく田舎者で、地元では変わり者として相当浮いていたらしく、どこか親近感が持てるところがあった。彼を強引に駒場寮に誘い込むことに成功し、麻雀のメンツを確保した。

そして肝心の女の子たちは……。確かに真面目タイプは多いものの、可愛い子もけっこういるじゃないか。

第二外国語をスペイン語にしたのは、女子率が高いという噂からだった。確かに6割程度が女子、今だったら素直に選びたい放題と喜ぶのだけれど、なんとその時の僕は、まったく女の子と話ができなくなっていたのだ。

たしかにずっとモテるタイプではなかった。彼女だって一人もいなかった。でも中学高校時代は男子校だから出会いがないだけだと自分に言い聞かせていた。

しかし男子校の6年間で、僕は女子に対する接し方をすっかり忘れていた。そして男としての自信のようなものもまったく育てていなかったのである。

女の子を前にすると、「田舎者だと馬鹿にされたらどうしよう」、「ダサイ、気持ち悪いと思われたらどうしよう」……そんな恐怖が押し寄せてくる。そのくせ興味は有り余るほどあるので、緊張してフリーズしてしまうのだ。

自分から話しかけることができないばかりか、なにかの用事で向こうから話しかけられたとしても、オロオロと挙動不審に陥ってしまい、まともに返事すらできない。

彼女ができるには時間がかかりそうだ……。

この点に関しては、僕は相当落ち込んでいた。

東大生のある一日

明け方まで麻雀をやっていたので、起きるのは昼過ぎだ。授業はとっくに始まっているが、まあいいや。休んだってどうってことはない。

腹が減った。部屋には炊飯器があるし、寮内には共同の炊事場もあるので作ることはできるのだが、とにかく面倒くさい。

寮には激安の食堂もある。しかしひどく不味いので先輩たちには「行かない方がいいよ」と忠告されていた。怖いもの見たさで1回だけ行ったけど、あまりにひどくて二度と入らなかった。大学構内で生協が経営する食堂もあるが、こっちもやっぱり不味い。学生は「セブン－イレブンの弁当の方がマシ」と噂している。

最寄り駅の駒場東大前の下に「コマシタ」と呼ばれる小さな商店街があって、そこには学生向けの飲食店が結構ある。僕のお気に入りはそば屋の「満留賀《まるか》」、そしてその近くの肉屋が店先で売っている唐揚げ弁当。あとは近くのコンビニで空腹を凌ぐ。

取り立ててやるべきことは見つからない。

授業に行かなくても、昼間からぶらぶらしていても、誰にも注意なんてされない。僕は自由のありがたさを享受していた。

誰の目も気にせずに、100%自分に集中できるこの環境を今はとにかく楽しみたい。

部屋に戻って、ゲーム機をいじって、漫画本を読んでいればあっという間に夕方だ。やがて同室の松尾さんとドクター高見さんも帰って来て、みんなで飯を食うかということになる。

誰かが大量の肉を手に入れてきたといって、ホットプレートで焼肉大会が行われることもあったし、連れ立って「コマシタ」の安居酒屋に行くことも多かった。

ドクター高見さんは、高校時代からあまりに優秀で、地元の有名企業から返さなくてもいい奨学金をもらっているらしく、ちょっとリッチ。金のない僕らに結構おごってくれた。

そういえば、居酒屋でみんなに囲まれて怒られたことがある。僕は子どもの頃から変わらず、相手が年上でも気にせずに、自分が思ったことをそのまま言葉にしてしまうタイプ。しかも相手の話を理に適っているかどうかだけで判断するので、感情論を振りかざす人には、平気で意見する。

その時はなんの話だったのか……誰かの言葉を聞いて、いつもの調子で「そんなの意味ないですよ。馬鹿なんじゃないですか?」みたいな発言をした。

そうしたら、みんなからこう糾弾されたのだ。

「堀江は人の気持ちが分からなさすぎる」

その後の僕の反論は、その場にいた人の中に、いかにも僕らしい台詞として長く記憶に残ることとなったという。

「人の気持ちなんて、分かるわけないじゃないですか!」

今だってそう思っているけど、口にしても得をしないことは理解しているつもりだ。

彼女はなんと女子高生

イベント設営、日雇いの学会の手伝いなど、大学生活の前半はずいぶんいろんなバイトをしていた。

寮費が極端に安いので、最低限の生活はなんとかなる。先輩たちがいれば、なんだかんだと食べるものにありつくことはできた。しかし、麻雀に呑みにと、僕なりの楽しいキャンパスライフのためには、お金は必要だ。

中学時代の新聞配達では、辛かった記憶しかない僕だが、この大学生のバイトも、やっぱり大半はしんどいだけだった。

ある製パン会社で一晩だけバイトをしたことがある。一晩で1万円ももらえるというその仕事は、大学生の間でも有名なものだった。

その仕事内容はというと、夜の8時から朝までずっと、できあがったパンの出荷の仕分け作業をするのである。こっちのトレイに30個、こっちには50個とただひたすら仕分けしていくだけ。

なんとも退屈だ。そして、いくら1万円といえども、こんな仕事をしている自分が嫌で嫌でしょうがなくなってきた。結局、そこには一度行ったきり。

塾講師の仕事も楽しいというわけではない。むしろ全然好きではなかった。知っていることを教えるのだから、別に難しくもなんともない。

ただ、自分が人に教わるのが好きではないので、教える、教わるという行為に全く興味が持てない。「本読んで覚えろよ」という言葉が何度ものど元まで上がってきたけれど、さすがにそれは言わずにおいた。

ただ塾講師は楽に稼げるので比較的長続きはした。

時給は2500円。夕方の6時から9時まで働いただけで7500円也。これを週4、5日もやると月に13万円くらいは稼げることになる。そんなに贅沢をしなければ、大学生の遊興費としては充分。麻雀だってしっかりできるわけだ。

働く時間もある程度自由が利いたし、バイト仲間には高校大学と一緒という奴もいた。

ここで特筆すべきはその男の紹介で、人生最初の彼女ができたことである。

「女子高生と飯食いに行こうぜ」

ある日、友達から突然誘われる。女の子の前では挙動不審になるのが悩みだけれど、もちろん興味津々。東京の女子高生というのも高校時代を暗闇の中で過ごした僕にとっては未知の存在だ。

友達が一緒だから、なんとかやれるだろう。

2対2での食事会。よくよく話を聞いてみると、女子一人は塾の生徒、つまり友達の教え子で、そいつはその子に気があるらしい。僕に紹介するというのは、体のいい口実で、要はその子との仲を深めるきっかけが欲しいようだ。

場所はなんと、もう一人の女の子の自宅。その子が手料理をふるまってくれるという。ところが当日、友達はご飯もそこそこに、お気に入りの子を連れて「僕ら帰るね」といなくなってしまった。

残された初対面の二人は、ぎこちなく言葉を交わす。やはり女の子とは上手く話せない。どんな表情で、どんな仕草をして話せばいいのか皆目見当がつかないのだ。いつものフリーズ、挙動不審に陥る。僕はきっとかなり愛想のない奴だったと思う。

話すことも早々に尽きてしまったので、僕は「俺も帰るわ」と言って帰り支度を始めた。すると彼女は、犬の散歩に行くから駅まで送ると言って、付いてきたのだ。

なんとなく二人と一匹で歩くことに。でも大した会話もなく駅に到着。

「じゃあ」

僕からはうまくアピールもできなかったし、彼女は妄想の中で理想だけを育んできた僕には特段好みのタイプというわけでもなかった。

なのでその後も特に連絡もせずにいた。携帯電話も持っていない時代の話である。

しかし、ここで不思議としか言いようのないことが起こった。数日後、友達経由でその子が僕を気に入っていると聞かされたのだ。

僕を気に入ってくれる女の子がこの世界にいるなんて！

それはしっかり童貞をこじらせていた僕にとっては、俄かには信じられない奇跡のようなニュースだ。

僕とその子は何度かぎこちないデートらしきものを重ね、やがて恋人として付き合うことになった。

小柄で、勝ち気なところがある彼女は、僕の女性への苦手意識や、「人の気持ちが分からない」性格がそれほど気にならないらしく、マイペースで接してくれた。それが僕にはとても楽だった。いつしか僕は彼女の前では挙動不審にならなくても済むようになっていた。

そして男と女として1対1の関係になれたという事実に、僕は高揚し、同時にホッとしてもいた。

この人生初めての彼女である有馬さんは、僕のその後の人生に大きく関わってくることになる。

この3年後、初めての会社を立ち上げる僕の隣りには、創業メンバー3人の一人として、彼女がいるのだ。

研究者への失望と未来への絶望

まともに大学へ行ったのは1年の夏学期くらいのものだ。

入学早々から同級生たちのクソ真面目振りに失望していた僕は、学校で友達を作る気も起こらなかった。どうやら彼らの多くは、東大を無事に卒業して一流企業に就職することを目標にしているようなのだ。

「馬鹿じゃないの？」

僕は思わずそう口にしてしまったこともある。

だって、わざわざ頑張って勉強して、日本で一番と言われる大学に合格したのだ。それなのに就職の段階でもう一度、他の大学を出た人たちとゼロからスタートをやり直すという発想が信じられなかった。

なんのために東大に入ったのか、分からないじゃないか。

でも大学に行かなくなったのは級友たちのせいだけではない。

僕は勉強そのものにもなんの興味も持てなくなっていたのだ。

高校3年の僕は、東大に合格するためだけに勉強した。だから勉強そのものに意味や意義を感じていたのではない。受験勉強という期間限定のゲームにハマっていたにすぎない。東大に合格してしまえばそのゲームも終わりである。

東大の学部として教養学部文科三類を選んだのも、ここなら合格できると考えたから。子どもの頃から宇宙や自然の仕組みに心惹かれる根っからの科学少年だった僕は、3年生になったら「理転」しようと思っていた。この「理転」というのは、2年生の時点で希望を出せば、成績によっては理系の学部に転籍できるという制度。大学に入ってそれなりに勉強したら、理転して、研究者にでもなろうというのが、入学当初のぼんやりとした目標だった。

しかし僕のそのぼんやりとした夢は入学早々に打ち砕かれることになる。

駒場寮で同室だった高見さんはその麻雀の強さからもただ者ではないことは分かるのだが、当時最先端のナノテクノロジーの研究者としても相当に優秀な人らしかった。しかし彼はよく「研究費が足りなくて満足な研究ができない」とこぼしていた。

実際に、高見さんの研究室に遊びに連れて行ってもらって驚く。

「これが日本の最高学府の研究室なのか?」

まともなパソコンも買えないらしく、台湾製の Apple II のパチモンを使っているのだ。しかも研究費も研究者も1年ごとに見直される単年度主義が採られているので、一カ所で落ち着いて研究を深めていくことが許されていない。

優秀な高見さんでさえも、その後、東大、理化学研究所、東北大などを転々としていた。これでは満足な成果は期待できない。さらには研究者には知識や技術だけではなく、派閥とか政治力も関係してくるらしいのだ。

「大変そうだな、研究者って」

僕は早々に研究者への道を諦めていた。そうなるといよいよ本当に勉強する理由が見つからない。

1年の夏以降は、ほとんど授業に出なかった。なにをしていたのかというと、もちろん麻雀。そして、僕は同じ寮に住む中谷君の誘いで、もう一つの楽しみを見つけていた。

人見知りを直す方法

深夜の駒場寮。珍しく麻雀のメンツが揃わなかったので、僕は部屋でぼんやりとマンガ雑誌をめくっていた。その中の4コママンガに描かれていたのは、大阪ミナミ名物のソース二度漬け厳禁の串カツ。そしてキャベツは食べ放題だという。

「それ、今から食べにいこうか?」

冗談とも本気ともとれるルームメイトの中谷君の口調に一瞬、戸惑う。

「え、だってどうやって行くの? もうこの時間じゃ新幹線もないし、第一そんな金ないでしょ」

「堀江君、知らないんだね。お金なんてなくたって、どこにでも行けるんだよ。ヒッチハイクすれば」

ヒッチハイクは知っていたけれど、それが自分にできるとは考えたこともなかった。あれは、そもそもアメリカなんかで行われているものなのではないのか。いや日本人でやっている人がいるとしても、陽気で口の上手い、そして見た目もいい感じの若い男女がやるものではないのか。僕のような愛想がなくてお世辞も言えないような大学生とは無縁の世界だろう。

しかし僕の同類であるはずの中谷君は、高校時代からヒッチハイクで全国を旅してきたのだという。

「あんなのコツさえ分かれば誰にでもできるんだよ」

中谷君がそう言うなら、僕にもできるのかもしれない。

「じゃあ、今から出発して大阪で串カツ食べよう」

僕らは駒場寮にいた友人二人も誘い、リュックに適当に荷物を詰め込んで、夜の駒場を出発した。

中谷君曰く「高速のパーキングエリアに行けばなんとかなる」。そこで長距離トラックのドライバーを中心にとにかく手当たり次第に声をかけて、次のパーキングエリアまででもいいから乗せて欲しいとお願いするのだそうだ。

駒場から電車で東名高速港北パーキングエリア近くの駅に行き、そこから歩いてパーキングに到着。僕らは、二人ずつに分かれて声をかけ始める。

「すいません、大学生でお金がないんですけれど、大阪まで行きたくて。次のパーキングエリアまででもいいんで乗せてもらえませんか？」

最初は恐る恐る声をかける。もちろん上手くはいかない。急いでいるとか疲れているとかの理由で断られ続ける。

「断られてもいちいち落ち込まないこと」

これも中谷君からのアドバイスの一つだ。精一杯の爽やかな笑顔を浮かべてまた声をかける。

10人を超えたあたりで、静岡あたりまでなら乗せてやってもいいという人が現れた。やった、できるかもしれない、ヒッチハイク。

緊張して車内に乗り込んだが、トラックのドライバーは、一人での長距離運転に飽きていたのか、僕にいろんな質問をしてきた。

どこの大学？　どこの出身？　彼女はいるの？

僕もまた、ハンドルを握るその人の人生になんとなく興味が湧いてきて、いろいろと質問を返す。

会話の中で、彼が一番驚いていたのは僕が東大生ということだ。

「すごいね、東大って、頭いいんだね」

そして親切なドライバーは僕を降ろす時に、こう声をかけてくれた。

「日本の未来をなんとかしてくれよ」

なるほど、東大というブランドは社会的な信用にもなるんだな。

その後もたくさんの人に声をかけて、なんとか乗せてくれる人を見つけた。世間話で盛り上がって、パーキングエリアでコーヒーをご馳走してくれる人もいた。普通の乗用車を運転している人には、「疲れていたら運転替わります」と言うと喜んでもらえた。

まったくお金を使っていないのに、僕の身体はどんどん大阪に近づいていく。夜の東名高速を軽快に滑るように。

ヒッチハイクってものすごく楽しいぞ。

何台もの車を乗り継いで、翌朝大阪に辿り着いた僕らは、本当に無料でマンガ雑誌に掲載されていた串カツ屋の前までやってくることができた。

「ね、やればできるでしょ」

ちょっと得意げな中谷君がウザかったけど、たしかにその時の僕は、「やればできる」という言葉を改めて噛み締めていた。

ダメ大学生競馬にはまる

大学2年からは文京区の本郷にあるキャンパスに移るので、駒場寮を出て、中谷君とアパート暮らしをすることにした。

大学から近いアパートを選んだものの、学食に行く時くらいしかキャンパスには近寄らない。バイトをして、まあそれなりにデートをしたりして、自由気儘な大学生活を謳歌していた。

寮から離れたお陰で、以前ほど麻雀はしなくなった。しかし僕の賭け事好きの血は治まらず、麻雀以上にハマることになるギャンブルに出会うのだ。

競馬である。

きっかけは塾講師のアルバイトで仲良くなった大学の先輩に「行こうぜ」と軽く誘われたこと。その時は、自分がまさか競馬漬けの日々に陥ることになるとはつゆ知らず、ホイホイと渋谷の場外馬券場「ＷＩＮＳ」に付いていった。

時代的なこともある。ナリタブライアンが大活躍していた当時は、競馬が若者にも開かれた、クリーンなイメージで広告されるようになった頃でもあった。大学生であっても競馬をやることにはなんの抵抗もない。

そしてその日、僕はビギナーズラックという言葉を地で行くような体験をする。

中山競馬場の8レース。僕はハルカゼという馬に賭けることにした。

ハルカゼは3番人気。夏場に負けが続いていたらしく、オッズは単勝で6倍弱。なんと競馬ド素人である僕はこの馬になけなしの2万円を突っ込んだのだ。

なぜなら連れて来てくれた先輩が、「絶対に来るから」と言ったから。その先輩は５０００

円しか買わなかったのが気になったけれど、「絶対に来る」ものに一点張りした方が得、というのが僕の考えだった。

その時の僕がお金に余裕があったわけではまったくない。塾講師は割のいいバイトとは言っても、ひと月頑張ってもせいぜい十数万円といったところである。

そして結果は、見事にハルカゼの勝利。２万円は12万円弱の大金へと変わった。

「なんなんだ、これは！」

僕はバイト１カ月分と同等のお金を一瞬にして手に入れてしまったのだ。まともにバイトするなんてアホらしいじゃないか！

さらにハルカゼはこのレースを皮切りに３連勝、僕もハルカゼを追いかけるようにして単勝、馬連と買い続けた結果、短い期間に相当な額を儲けてしまった。

「競馬で食べていけるかもしれない」

とんでもない勘違いをしてしまった僕は、それからしばらく競馬漬けの生活を送ることになる。

月曜日に競馬雑誌「週刊Gallop」を買い、時間をかけてしっかり予想する。さらに金曜日の午後１時にコンビニへ競馬新聞を買いに走り、予想をひとしきり見直す。そして週末は、朝から競馬場か場外馬券場に出かけ、１レースから最終レースのすべてに手を出す。そして終わったら居酒屋で飲む。

時には中央競馬だけでは飽き足らずに、地方競馬に足を運ぶこともあった。

ダメ人間を絵に描いたような大学生だったという自負はあるけれど、特にこの競馬にハマった1年間は暗黒時代とも呼ぶべき、僕の悲惨な歴史である。

競馬で食っていくという勘違い

競馬にハマってしまった僕は、それまでの週に3、4回という塾講師のバイトに行くことすら面倒になってしまった。

徐々に足は遠のいていき、最終的には辛うじて週1回程度となる。

「おい、お前、ハマりすぎだろう」

競馬を紹介してくれた先輩も引き気味で、最初のうちは一緒に馬券を買いに行っていたのに、自然と距離ができるようになってしまった。

大学にももちろん出ていないので、誰にも会わずに競馬の予想をして1日が終わるようなこともよくあった。

そんなに予想が当たっていたのか？　と思われそうだが、そこまで勝率がよかったわけではない。多くの競馬狂がそうであるように運良く大勝ちすることもあるけれど、時にはバイト代としてもらったばかりの10万円を1・8倍の単勝馬券に全額突っ込み、見事に大負け。財布に残った1500円で1カ月を凌いでいかなくてはいけないという状況になったこともある。

生活苦に陥った時には塾講師以外の短期バイトを入れつつ、小麦粉ともやしでお好み焼きを作り、1カ月間毎日それを食べ続けたこともある。

その時のお金のなかった生活が辛かったのかどうかはよく覚えていないのだが、それはそれで仕方ないし、現状をあれこれ思い悩むよりは次のレースの予想に頭も気持ちも向いていたように思う。

「拝金主義」というイメージが後の僕には付いてまわることになるのだけれど、いろんなところで話したり書いたりしているように、僕はお金はあったらいいし、なかったらなかったでなんとかなるという考え方なのだ。

この頃、コンビニでちょっとした買物をしようとした時に、レジで財布の中身を見たら50円しかなかったということがあった。その時恥ずかしい思いをしたので、「ああ、欲しいものが普通に買えるくらいのお金があるといいな」とは感じたけれど、大金持ちに憧れるなんてことは今に至るまで一度もない。

だから競馬でスってしまって、食べるものさえままならない時でさえも、お金が欲しいというよりも、次のレースの馬券を買うお金を工面する方法を検討していたのだ。

あまりに競馬に夢中になって「競馬で食っていこう」とまで考えた僕。

雑誌や競馬新聞を熟読して予想をしていたけれど、そのうち競馬予想ソフトなるものが存在することがわかり、それをダウンロードして使っていた。

中でも「自然」というソフトがニフティの競馬予想フォーラムでも熱いと騒がれていた。実際、僕も使ってみて何度か「自然」のおかげで勝たせてもらった。10万馬券が2回も当たったんだから大したものだ。ちなみにこのために部屋の隅で埃をかぶっていたパソコンを久しぶりに取り出して使ったのだった。

しかし当たり前と言えば当たり前だが、学生がやる競馬である。トータルでは明らかに負けている。

冷静になって投資とリターンの額を計算してみれば、一目瞭然。しかし一度の大勝ですべてを取り戻せてしまう可能性があるのも、また競馬。

僕はもう完全に周りが見えず、賭け事にハマってしまった典型的な人間になっていた。

真人間になりたい

気が付けば大学4年になっていた。一緒に入学した奴らはどうやら就職活動をしているらしい。らしい、というのは大学に行っていない僕は彼らに会う機会もなく、リクルートスーツを着て歩いている同級生たちの姿を目撃することもなかったのだ。

今のように携帯やメールもない時代である。ほとんど友達に会わず、あれだけ麻雀や酒の席を共にした人たちとも、疎遠になってしまった。世の中との繋がりが競馬という一点だけという生活である。

「そろそろ真人間にならないとマズいのかな」

競馬の成績も振るわない日々の中、そんな思いが頭をもたげてきた。

「真面目に働くしかないかもしれない」

考えれば考えるほど、僕に残された道はそれしかないと思えてきた。やりたいことは特に見つかっていないけれど、働いてるうちになにか見つかるかもしれない。

しかし働くと言っても、どこでどうやって？　という話である。

サラリーマンになるという選択肢は絶対になかった。わざわざ東大に入ったのにという思いもあるし、サラリーマンとして働き続ける両親の姿を見てきて、あんなつまらなそうな上に貧乏をしないといけないなんて自分には耐えられないと思っていた。

そもそもまともに就職するためには、大学を卒業するのが先となるのだが、この時点で目もくらむほどの単位を取り残していた僕には、それが現実的とは思えなかった。

今の自分にできること。それは真面目にバイトすることしかない。

そう考えた僕は、何日もうだうだとした挙げ句、ようやく重い腰を上げ、大学の学生課に向かう。

久しぶりの大学はどこかよそよそしい感じがして、もうここが僕の居場所ではないのだと思わざるを得なかった。

学生課の前にあるバイト募集の掲示板。その時は十数枚の求人情報が貼り出されていた。その一つ一つに目を凝らす。

世の中にはいったいどんなバイトがあるのか。どこだったらこのダメ人間な僕を受け入れてくれるのか。

塾講師や家庭教師のバイトがほとんどだ。東京大学の学生課に貼り出されるものなのだから、当然といえば当然だろう。時給も最低2000円というところ。もちろん学生バイトとしては悪くない値段。

しかしそれなら今の塾講師の回数を増やせばいいだけなので、生活自体を真人間のものへ矯正することには繋がらないはずだ。僕は毎日とは言わないまでも、もっと決まった時間働く仕事、定期的に通わなければいけない仕事を探していた。

それには塾講師のバイトの先輩を見ていたことも大いに関係している。先輩の中には何年も留年し、大学を卒業または退学してもまだ塾講師を続けている人が何人もいた。中には40歳を過ぎた学生崩れの世捨て人のようなおじさんや、東大の大学院まで行ったのにそのまま塾に就職してしまった人もいた。

「こんな痛い人たちと同じ道を歩くわけにはいかない」

もちろん彼らは塾講師という職業にやりがいや適性を感じていたのだろう。でも僕にはそんなものは微塵もないし、ただ時給がいいから続けていただけなのだ。

塾講師は絶対にやめよう。求人を見ながらその決意を新たにしていた僕の目に、一つの求人が飛び込んできた。

そこにはパソコン関連の仕事とあった。

そうかパソコンか。

僕はそもそもパソコンが、プログラムが得意だったのだ。

中学の頃からハマり出して、パソコンにはそれなりのお金と時間を費やしてきた。大学に入ってからは、情報処理の授業でPascalを触って、あとは競馬の予想用に使うくらいだったとはいえ、基本的な知識はまだ通用するはずだ。パソコンが大好きというわけではないが、考えてみれば今の自分の武器となりうるのは、東大在学中というプロフィールとパソコンやプログラムの知識くらいのものだ。

しかし大きな問題があった。そのバイトは時給が980円なのである。そんな安いバイトは一度もやったことがない。

塾講師の半分以下。馬鹿らしくなって、働かなくなるかもしれない。だったら塾講師を続けた方が……いや、それではあの痛い人たちと一緒になってしまう。

学生課の掲示板の前で立ち止まって考えること数分。僕は結論を出した。

とりあえずこの980円のバイトをやってみよう。中学時代に通っていた塾でプログラム移植のアルバイトをした時は、それなりに充実感もあったじゃないか。

パソコンの仕事をしてみる。うん、悪くない。というかそれ以外に選択肢がないのだ。

僕はその「東進システム」という会社に連絡してみることを決めた。

唯一のバイト君

「何ができるの？」

「とりあえず、一通り触ったことがあるのでできると思います」

東進システムのバイト面接は極端に言うとそれだけだった。

この会社は僕以前にバイトを採用したことがなく、僕が初めてにして唯一のバイトだったのだ。

もともとは台東区にあった小さなシステム会社を「東進ハイスクール」という進学塾が買収。それによってできたのが東進システムだ。親会社がＣＡＩというコンピューターを使った授業用の教材ソフトを制作する会社だった。

そこで僕に与えられた仕事は、バイト用の特別なものではなく、社員とほぼ同様のプログラミング作業だった。

中学からパソコンを触っていたからと言って、社員並みのスキルがあったわけではないのだが、ここで使われていたＰＣ－98というパソコン（「バザールでござーる」で一世を風靡したやつだ）では、そんなに複雑なプログラミング言語は使えない。だから分からないことをその都度、社員に教えてもらえば、すぐにそれなりに仕事ができるようになった。

９８０円という時給の安さには相変わらず引っかかっていたものの、社員と同じようにある程度自由に仕事をさせてもらえるという環境は、経験という意味ではとてもありがたいものだった。バイトを雇ったことがない会社だから、バイト用の仕事がなかっただけでもあるのだけれど。

「ベーシックとかもできるんだし、試しに新しいものをプログラムで作ってみたら？」

業務に必要なプログラムをほとんど習得した僕は、わずか数カ月で教材制作の企画にも関わるようになる。

そこで実際に作ることになったのは、日本史と世界史の教材。受験の参考書の中で「頻出英単語」のように、過去の試験問題に多数出題された単語を集めたものがよくあるが、それの日本史・世界史バージョンといったようなものだ。

まずは過去問をスキャナを通してＯＣＲソフトで読み込む。しかし当時のソフトでは漢字の「工」とカタカナの「エ」をコンピューターが間違えたまま認識してしまうことが頻繁に起こる。そこでソフトで抽出したテキストデータを修正するプログラムを作るのである。

このような細かい作業を経て完成したデータは最終的にＣＤ－Ｒにまとめて教材として販売、

書籍化することまで計画されていた。

と、こんなことをしていれば当然、作業量は膨大となる。バイト先にはいつ行っても仕事が山積みされている状態となっていた。社員たちも僕を戦力と認めてくれたようで、空いている時間にいつ働きに来てくれてもいいという環境ができあがっていった。

授業に出ていない僕には膨大な時間がある。僕は毎日のように東進システムへ通っては、地道に作業を進めていく。

いつのまにか競馬に行く頻度も下がっていた。どうしても馬券を買いたいという衝動が薄らいでいったのだ。

ものすごく楽しくて時間を忘れて働いていたという感じでもなかったのだが、そこに行けば自分の席があって、パソコンがあって、やらなければいけない仕事がある。その事実が僕には新鮮なものだった。

そして、少しずつ真人間に戻ってきているような安堵があった。


このぬくぬくが社会なのか?


貧乏大学生の外食といえば、学食や定食屋、よくて居酒屋といったところだ。

まだ今ほど食に目覚めていなかった自分には、それで特に不満はなかったが、世の中には一口に外食するといっても色んな店があるのだということをこの東進システム時代に知った。

単なるアルバイトとして働いていた僕だったが、山積みの仕事を片付けるために毎日のように会社へ通ううちに、そこの社長とよく言葉を交わすことになる。

また仕事を教えてもらう過程でエースプログラマーの社員とも仲良くなり、気が付けば、社長、エースプログラマー、その彼女、そして僕という不思議な4人組で食事に行くようになっていた。

食欲も旺盛で、酒も強く、仕事も真面目にこなす東大生は、どうやら可愛がられたらしい。

今思えば特別に高級なお店に通ったわけではないのだろうが、それでも大学生には分不相応なお店で、それ相応の美味しいものをご馳走になったりした。

パソコンやプログラムの話に関しては知識があるから付いていける。教材の在り方についても、受験勉強の経験から意見することもできた。

「彼女はどんな女の子なの?」

なんて質問にも、それなりに答えて楽しくやっていたのだ。

これが社会人というものなのだろうかと、なんとなく理解できた感じがした。

仕事の自由度はぐんぐん上がっていき、社員たちとのコミュニケーションも円滑に進む。そもそもパソコンを触るという決して嫌いではない作業をしているのだから、あらゆる意味で楽、そう、ぬくぬくな環境なのである。

コツコツと働き始めて、真人間に戻りつつある自分が、そのぬくぬくな環境の中で唯一抱いていた違和感。

その正体は、もっと厳しい現場に身を置いて自分をスキルアップさせたいという向上心なんかでは決してなく、給料の低さへの不満だった。

980円から始まった時給は、数カ月の間には成果が認められ1200円程度まで上がっていた。とはいえこれはあくまでバイトの時給である。

「社員と同じことをしている割には安い」

実際当時の社員たちがどれほどの給料をもらっていたのかは分からないけれど、週5回、1日7~8時間働いたとしても月に17万円程度にしかならないのだ。これはどう考えても安すぎるのではないか。

IT技術が今程は発展していなかった時代の話だ。プログラムを操れる人は非常に少ないことは社員たちの話を聞くだけでもよく分かっていた。となると仕事単価で考えれば、僕の時給は相当に低いはず。腑に落ちない、耐えられない。

社長やエースプログラマーに可愛がってもらっていることはありがたく、ここは本当に居心地がいい場所だけれども、僕はこの薄給に満足している場合ではない。

新しい職場、もっと時給が高い仕事があるはず。

僕は再び、東大学生課の掲示板の前に立っていた。

第四章　起業前夜

なんでもいいから仕事を下さい

水が低きに流れるように、自然に身を任せる。

僕が生きていく上での一つの信条のようなものだ。

どうも世間での僕は、欲しいと思ったものはどんな手を使ってでも手に入れる、強引、強欲な人間と思われているところがあるけれども、実のところ、僕の中にはそんな強固な意思や執着は存在しない。

大切だと思っているのは二つだけ。力を抜いて流れに身を任せること。そして目の前のことにひたすら熱中すること。そうしていれば人は、いつの間にか、自分が在るべき場所に辿り着くことになる。

僕が起業するまでの経緯を振り返ってみても、まさにそう。その時々の時代の流れや、自分の感情に素直に従った結果、僕は会社の社長になっていたにすぎない。

さあ、でもまだ僕は大学4年生である。

ギャンブル漬けのダメ人間から、東進システムという会社でパソコンやプログラムに関わるバイトに熱中することで、少しずつ真人間に戻りつつある実感はあった。

しかし働くということは報酬を得るための行為であると考えると、東進システムの給料は著しく低いように思えた。納得できない。

次に働くのは、僕のプログラミングスキルをもっと高く買ってくれる会社がいい。

またも学生課の掲示板から僕が選んだのは「フィクス」という会社だった。

時給は1200円スタート。決して高くはないが前の会社では僕のスキルや真面目さが徐々に認められて最終的に1200円になったのであり、今回はベースがその金額。これからどんどん上がる可能性もある。

フィクスは札幌にある「BUG」という、当時の日本のベンチャーとしては大手として知られていたところの子会社だった。

「BUG」は北大の大学院生4人が卒業後に設立した会社で、特に印刷業界を相手にMac関連の事業を行っていた。当時はDTPという言葉が注目され始めた頃だったが、まだ印刷システムが確立されておらず、周辺機器も非常に高価だった。

また印刷業界にはRGBという形式で表現されたパソコンの画面上の色を、そのまま印刷のCMYKという形式の色でも表現したいというニーズがあった。しかしその技術は現在には遠くおよばない。簡単に言えば、画面でいくらきれいに表示されている画像でも、RGBからC

ＭＹＫにうまく変換できず、印刷するときれいに表現できなかったのだ。

印刷会社はその変換の精度を上げ、商業印刷に耐えられるレベルのＤＴＰシステムを作りたいと躍起になっていた。

そんなニーズを受けてＢＵＧは「マイクロページシステム（ＭＰＳ）」というシステムを開発。それが大当たりして印刷最大手の大日本印刷の協力会社となる。ＭＰＳは２０００万〜３０００万円もする大きなシステムだったので、メンテナンス費用だけでも高額になり、東京にメンテナンスのための拠点を作る必要ができたのだ。それがフィクスという会社。

親会社のＢＵＧは、ＭＰＳに関わることを主たる業務としていたが、その頃のパソコン系ベンチャー企業がそうであったように、パソコンに関わることならなんでもやろうとしていた。それはAppleもマイクロソフトも大して変わらず、ＯＳを作ってみたり、パソコン本体を開発したり、ソニーにライセンスしてみたり。

それ故、フィクスの仕事も多岐にわたることになり、８割はＭＰＳ絡みだったものの、残りの２割はApple Linkという Apple のパソコン通信のサポート業務や、ＢＵＧが開発したデスクトップ動画編集用のＪＰＥＧ圧縮伸長ボード「DeskStudio」や、データ通信を行うためのルータ「Linkboy」などを販売、サポートする仕事も行われていた。

さて、僕が初めてこのフィクスにバイトに行った日、用意されていた仕事はというと……特になかったのである。

なぜならこのフィクスも、僕がアルバイト第一号で、バイト用の仕事はこれというふうに決まってはいなかったのだ。忙しくなってきたからバイトでも雇おうかというノリで採用されたのである。

「なにか仕事をください」

近くにいた事務の人に訴えて僕に与えられたのは、データベースである「ファイルメーカー」にユーザーから送られてくるはがきを読んでデータ入力すること。

前の職場でプログラマーだった僕にとって、こんな作業は当然、朝飯前。あっという間に終了した。

そのPower Macは輝いていた

「堀江くん、これ使っていいよ」

それは当時発売されたばかりの新品のPower Macだった。貧乏学生が買えるような代物ではない。周囲の社員たちを見回すと、みんなは古いデスクトップパソコンを使っているではないか。

「いいんですか、こんな立派なものをバイトの僕が」

一応遠慮はしてみたものの、興味津々である。どうやら社員たちは前から使っているパソコンからの環境の移行を面倒くさがっているようだった。今のようにMac OSのTime Machine

機能を使ってサクッと移行できるような時代ではない。

それ故、僕はこの贅沢なパソコン環境で仕事をすることになる。ちなみに僕が未だにＭａｃユーザーであるのは、ここでの仕事の経験からだ。

フィクスの副社長の佐々木さんはＢＵＧから派遣された、中年の気のいいおっちゃんだった。正直言ってパソコン周りの知識はほとんどない。ただその柔和かつ空気のような人柄でそこにいるのが許されているような人だった。

その佐々木さんの命を受けて、働き始めて2カ月程たったあたりから、フィクスの業務の一つであるApple Linkというパソコン通信のサポート業務を任せてもらうことになった。

内容はニフティなどにアップされているＭａｃ用のソフトをダウンロードして、Apple Linkにアップロードする作業。正直これも決して難易度が高い仕事ではないので、日々サクサクとこなしていた。

そうこうしているうちに会社自体がどんどん業務を拡大していたこともあり、こいつはできそうだと見なされた僕のもとにはどんどん新しい仕事が振られてくる。前述した「DeskStudio」というＪＰＥＧの圧縮伸長ボードを使ったイベントをやりたいというニーズがあったので、僕がその場に出向き、実演やサポートを行った。

また当時出たばかりの「モーフィング」（たとえば人と犬の顔の二つの素材があったとして、人間の顔から犬の顔に徐々に画像を変化させていくような技術）を使って、歌舞伎役者の人を女形に変化させるようなプロモーションをイベント会場で披露したりもした。

さらには大日本印刷と仕事をするうちにブロマイドなどを印刷する技術も培っていたので、イベントに来たお客さんの写真を撮って歌舞伎役者の人と合成した写真をプリントしたり、Photoshopで顔写真のシワを取り除く技術などを実演したりもした。

それにしてもずいぶんといろんなことをさせてもらったものだ。

Ｍａｃ関連の新商品がリリースされたりすると、全国の販売店向けのキャラバンに同行したこともある。販売店のＭａｃにソフトをインストールしたり、メモリを増設したりなどなど、とにかくサポート業務と呼ばれるようなことは一通り経験することができた。

プログラマーとは言いがたい、サポート要員という役割ではあったものの、僕はこのフィクスで単なる一アルバイトから急速に、なくてはならない存在になっていった。

そしてこのフィクスがインターネットを使っていたこともあり、僕は人生で初めてのメールアドレスをもらうことになる。

94年、まだ自分のメールアドレスを持っている人などほとんどいない頃の話だ。

販促イベントで全国行脚

今は六本木ヒルズにあるApple Japanだが、当時は千駄ヶ谷に全面ガラス張りのビルを構えていた。

学生バイトの僕は、その近代的なビルにラフな格好のまま月に1回ほど通っていた。Apple Linkまわりの作業を一手に担っていた僕は、ほとんど自分の裁量の中でこの業務を執り行っていた。

パソコン通信上でApple社からユーザーへのお知らせを掲示板に書き込んだりもするのだから、難易度はともかくとしてなかなか責任のある仕事である。

「よく学生バイトにやらせるな」と思わないこともなかったが、会社の実情をみればそれも致し方ない。

そもそもApple Linkは僕と同じ部署の窪田さんという人が担当だったのだが、彼を含む3～4人程度のチームで、BUGの主力商品のすべてのサポートをしていたのである。

またチームメンバーの一員である神谷さんという人は色々な事をほとんど一人でやるスキルがあって、しかも彼はBUG製品のサポート業務はもちろん、デザインや動画編集まで一通りできてしまう人だったために、様々な仕事が舞い込んでくるという状況だったのだ。

だからひょっこり現れたバイト君には、大学生だろうとなんだろうと、とにかく働いてもらわなければ困るというわけだ。

時間はかかるが、技術的にはそう難しくないApple Linkの作業を続けているうちに、その流れで今度はAppleから直接サポートの仕事がまわってくるようになった。

たとえば「LC　630」という新製品が発売された際に、Apple主催でデベロッパー向けの展示会が行われた。東京、名古屋、大阪でホテルの宴会場などを借り切って行われた大規模なイベントである。

そこには有名なソフトメーカーである「ハドソン」や「エルゴソフト」、そして「システムソフト」などMac用のソフトを作っている会社が20社ほど集まりブースを出している。ソフトハウスが新製品発表会に出品し、販売店が来て実際に商品を触ってみたりして販促に繋げるのだ。

ちなみにこのLC　630というマシンは、スティーブ・ジョブズがAppleから追い出された後に、ジョン・スカリーが意気揚々と発売した商品である。

Macが普及しないのは価格が高いからだという考えから、比較的安価に抑えられた商品だったが、当時の僕は、それは違うんじゃないの？　と思っていた。

売れないのはOSがバンバン落ちるし、営業も弱いから。つまり値段の問題ではなく、売れる要素がないからだと思っていた。

Appleのイベントの仕事は全国行脚になるので、何十台もあるパソコンを車に積み現地まで移動する。到着してすぐにセッティングを開始し、様々なデモンストレーションがうまく作動するよう、インストールされているソフトの設定やメモリの増設などを行う。これを各会場ごとにいちいちやっていたわけだ。完全にオペレーターとしての役割だったが、これはなかなかに刺激的な仕事だった。

一介のアルバイトが、日本のパソコン、ソフト業界の代表的な存在である会社や社員たちと直にふれあえるというのは貴重な経験だ。

そしてヒッチハイクで日本中を旅したことがあったとはいえ、仕事として呼ばれてそこに赴くという行為には、責任をともなった心地よい充足感があった。

今日、ここで自分が頑張って働かなければ、このイベントは時間どおりにオープンしないかもしれない。上手くまわらないかもしれない。

喜んで働いていたと言うとちょっとニュアンスは違うけれど、僕は確かに仕事を楽しみ始めていた。

実はフジテレビと仕事していた

僕が「フジテレビ」という言葉を口にすると、当然みんなは05年のニッポン放送株取得による買収騒動を想像すると思うが、実はそこから遡ること10年ほど前、フィクス時代の僕は、フジテレビと仕事をしていたのだ。

因縁だなんてこれっぽっちも思っていないけれど、こぼれ話としてちょっと面白いので、ここに記しておきたい。

95年の年末のことである。

「堀江君、大晦日暇だったらバイトする?」

いくら忙しいフィクスといえども、大晦日は休みである。社員を働かせるのはまずいと思ったのか、部長はバイトの僕に直接声をかけてきた。

「やります、やります、暇なんで」

帰省する予定もなく、特に用事もない僕は二つ返事で了承した。

それがフジテレビの番組の手伝いだったのだ。

年末のお祭り騒ぎそのままに、いろんなジャンルの有名人たちが一堂に会する生放送のバラエティー番組が予定されていて、そのクイズコーナーでBUGの製品「Linkboy」が使われることになっていた。

僕らの仕事はスタジオにMacを複数台設置し、クイズの解答を「Linkboy」を介して投票できるような仕組みを作り、そのサポートをすることである。

それと同時にISDN回線でスタジオと外にいる何人かの有名人たちとを繋ぐのだが、僕の担当は、なんとジャンボ尾崎さんの家で接続のためのセッティングをすることだった。

おそらくその番組をAppleとNTTがスポンサードしていて、Macと電話回線を使って、クイズにリアルタイムで参加できるんだとアピールしたかったのだろう。

僕は大晦日のジャンボ尾崎邸にお邪魔して、接続作業を行った。

年末のジャンボ邸には、ジェット尾崎や尾崎直道など、尾崎ファミリーが勢揃いである。彼らは暖かい部屋で鍋を囲んでワイワイとやっていて、カメラも部屋の中でその様子を映していた。

僕はというとほとんどの時間、屋外の寒空の下で、じっとパソコンに向かっていた。しかし寒さや侘しさを感じる余裕はまったく与えられなかった。

「やばい、繋がんねえ……」

かなりの時間をかけて何度も接続を試みたのだが、一向に繋がらないのだ。

「俺のやり方がまずいのか?」

放送時間はどんどん迫ってくる。やっているうちにパソコンと回線には問題がないことは分かったのだが、クイズの解答を選択するためのソフト(とても簡単な構造のものだ)がバグっていて、機能しないのである。

隣りでは焦った様子の部長が、家庭用電話の子機くらいの大きさの携帯を握りしめて本部と連絡を取っている。しかし、どこをどうやっても繋がってくれない。

なにせ生放送である。刻々とその瞬間は近づいている。スタッフたちはみな焦りまくっていて、僕はその焦りを一人で背中に感じながらパソコンのキーボードを叩いた。

そして結果は……。

最後まで繋がらなかったのである。

しかし生放送のノリと演出の妙で、番組はなんとか進行した。アウトといえばアウトだけど、セーフといえばセーフ。

後から聞いたところによるとスタジオの出演者用に設置された50台を超える数のＭａｃもみな、サーバーには繋がるものの、きちんと動いていない状態だったらしい。

ソフトのトラブルだったので、僕らにはなんの責任もないし、Ｍａｃが悪かったわけでもないのだが、雰囲気として「Apple ってダメだね」という烙印を押されたような形になってしまったらしく、これはそれなりに問題になったようだ。

その夜、帰りに部長が寿司を奢ってくれた。でもなんとも身体が怠《だる》くて食が進まない。ずっと屋外で作業を続けていたので、身体が冷えきっている。

震えながら帰宅して急いで布団にくるまった。そして彼女に電話をして「ちょっと聞いてよ、今日さ」みたいに話した記憶がある。

そして僕は正月の三が日をずっと、自宅で寝込むことになった。

好きなだけ働けるなんて

フィクスは本郷、僕の家は西片という隣街にあり、この近さも僕がここをバイト先に決めた理由の一つだった。西片は大学からも徒歩圏内である。

フィクスの仕事は深夜に及ぶことも多かったため、朝は自分の裁量で出社時間を決めることができた。それほど緊急の案件がなければ、昼頃に起きてご飯を食べてから出社することになる。

学生課でフィクスのバイトを見つけて以来、本郷キャンパスには寄りつかなくなっていたが、近くにある農学部の弥生キャンパスには学食目当てに定期的に行っていた。農学部が所有する畑で穫れた新鮮野菜が自慢の弥生の学食は、東大の中で唯一まともなものが食べられると評判だった。

僕の生活のほとんどは、この徒歩圏内に限定されていた。電車で移動するのはもっぱら仕事の打ち合わせの時だけ。忙しくて友達と会う時間も取れない、いや取ろうとも思わないような状況だった。

時給は当初の1200円から結構上がっていたと思われる。というのも、その時の時給がいったいいくらになっていたのか、覚えていないのだ。

仕事が楽しくて没頭しているうちに生活費に余裕が出来てきて、もはや時給を計算する必要すらなくなっていたという感じ。

フィクスからは「好きなだけ働いていい」と言われていたので、平日はほぼ毎日のように通っていた。最初の月給は10万円くらいだったが、おそらく20万~30万くらいにはなっていたのではないか。

大学生の遊びしか知らない僕にとっては豪遊できるレベルの金額だが、そうは言っても毎日仕事ばっかりしているので、遊びに行く時間もない。あれだけ夢中になっていた競馬にも、土日が空いていたら行こうかなという程度の情熱しか持てなくなっていた。

じゃあどんなふうに遊んでいたのかというと、夜ご飯をフィクスの社員たちと食べに行くことが最も遊びに近いものだった。

彼らとは毎日のように「今日、飯どこに行く?」「あそこにしませんか?」なんてやり取りをして、一緒に出掛けた。社員である彼らはたまに奢ってくれたりもする。「堀江君、大学どうするの?」と聞かれたり、「このままうちで働いたら」と冗談まじりに誘われたり。パソコンやプログラムの将来について馬鹿話も交えながら語り合う時間も楽しかった。

この時の仕事と遊びが混じり合ったようなスタイルは、僕のその後の生活の基礎となっていく。

仕事に行く時の格好についても同じで、たとえばAppleに営業に行くことになってもスーツなんて着たことがない。親会社のBUGの人や大日本印刷を相手にするチームにはスーツ着用というルールもあったようだが、ほとんどの社員たちはみなラフな格好である。それで咎められている人を見たこともない。

どこまでが仕事で、どこからが遊びやプライベートなのか。世の中の多くの人はそこにしっかりと線を引いたり、バランスを取ることを意識したりするらしいけれど、僕にはまったくその感覚が欠如している。

ただ楽しく働ければいい。そして仕事より楽しいことは特にない。

その時の僕は単純にそう考えていたのだ。

インターネットとの衝撃的な出会い

あまりに突然すぎてキョトンとするしかなかった。

「これからはインターネットの時代です」

Appleの担当者からこんなことを言われたのは95年の年明け早々のことだ。

「ホームページを作ろうと思います」

フィクスの側の担当である、佐々木さん、窪田さん、そして僕の3人は、お互いの顔を見合わせて、なんと反応すべきか探っている。

前年のうちにAppleから依頼されていたのはまったく別の案件だ。

それは近々日本でも「eWorld」をスタートさせることになりそうで、おそらくそれをフィクスにお願いすることになるだろうということ。「eWorld」とはAppleがアメリカで展開していたGUIベースのパソコン通信で、その日本版を作ってほしいという話だった。

確かにちょっとおかしいとは思っていた。先方はすぐにでもという雰囲気で、改めてeWorldの詳細を送りますと言っていたのだが、一向に連絡がない。

それでも僕らはある程度どんなことをやるべきか想定していたので、Apple担当者の「インターネット」という言葉はまさに青天の霹靂だったのだ。

「eWorldをやらない代わりにホームページを立ち上げることになりました。Apple Japanが運営することになるホームページのプレゼンをしてもらえませんか」

当時から僕がメールアドレスを使っていたことでも分かるように、フィクスはインターネットに繋がっている環境だった。しかしホームページなるものはほとんど誰も見たことがないような状況である。

「ホームページを見るブラウザに『Mosaic』っていうのがあるらしいよ」

「Webサーバーというものも立ち上げられるらしいよ」

などという会話が社員同士で行われているレベル。

なにしろ当時日本語のホームページは10サイト程しかなく、有名どころと言えば伊藤穰一さんがやっていた「富ヶ谷」くらいなものだった。

あまりにも知識がなさすぎて、そこに可能性や未来を感じるどころか、一体なにからどう始めればいいのか皆目見当がつかないのだ。

Appleとの関係上、できませんとは言えない。

来るプレゼンの日に備え、社内に数名いたインターネットをそこそこ知っている人たちから知識を集め、急ピッチで準備を始める。

日本語のページはほとんどないのだから、アメリカのNASAのWebを閲覧。9600bpsという通信速度なので今とは比べ物にならないほど時間がかかったわけだが、写真が表示される度に「すげえ……。本当に見られるんだ！」といちいち感動した。

「Mosaicよりも表示が早いNetscape Navigatorなるものがあるらしい」

そんな話を聞いて、さっそくダウンロード。画像を待っている間にテキストが先に表示されるシステムに感心したりもした。

またAppleの人から「アトム」という会社の末松亜斗夢さんを紹介される。「MACLIFE」という雑誌の編集部を訪れ、末松さんからあれこれとレクチャーを頂いた。

しかし、我々のプレゼンの競合はその「アトム」であると決まっていたので、その時点で随分と分が悪い勝負であることは分かっていた。

それでもデザイン力を発揮することはできるはずだと思い、映像や画像処理を器用にこなす神谷さんに、毛筆風の書体でApple Japanというロゴを数パターンデザインしてもらう。それを僕がHTML化して表示するなどという準備をした。

結果は当然と言えば当然のもので、フィクスの敗北。プレゼン料の30万円をもらい、この話は終了となった。

これが僕が経験した初めてのＷｅｂの仕事。

僕はこの時、インターネットと出会ったのだ。

その時、世界が変わると思った

インターネットに魅せられていた。

朝から晩まで時間があればずっと、パソコンに向かっていた。名が知られているサイトを何度も行ったり来たりする。

初めて知ったＷｅｂの世界はとにかくスマートだった。全世界の情報が一つの画面に集まるなんて、今でこそ当たり前すぎて誰も驚いたりしないけれど、当時としてはもう信じられないほどの衝撃だったのだ。

メールでやりとりできるとか、パソコン通信で交流ができるのとはまったく次元が違う、革命的な発明だと思った。

「これは世界を変えるぞ！」

様々なサイトを閲覧し、専門書でwwwやhttpの概念を理解するうちに、インターネットは未来のインフラになると確信していた。インターネットを介せば、コミュニケーション、買物、金融などあらゆるシステムが劇的に変化していく。インターネットは人間の生活スタイルまで変えてしまうに違いない。

この興奮はフィクス社内にも徐々に広がり、「これからはインターネットとホームページの時代だ」という言葉がそこかしこで飛び交うようになってきた。

インターネットでビジネスをする。まずはフィクスの技術力とデザイン力を活かして、いろんな会社のホームページを作らせてもらうという新しいビジネスをイメージし始めた。

そしてそれは思いがけない形ですぐに実現することになる。

Appleのサポート業務で付き合いのあったバンダイが、Appleと共同で新しいゲーム機のようなマシンを開発したという。この「ピピンアットマーク」という商品のホームページを作らせてもらうことになったのだ。

このゲーム機とパソコンの中間のような商品の中身はＭａｃの廉価版。ＣＰＵも足りなくて、ゲーム機に特化されたものでもないから動作も遅い。正直言ってダメダメなマシンである。ある意味、バンダイはAppleに騙されてしまったのだ。

バンダイは当初、プレステに対抗できるようなゲーム機として売り出していこうとしていたようなのだが、実際にあれこれと操作していくうちに、ゲーム機としては難しいことが分かってきた。

そこで位置づけを「インターネット専用のブラウザマシン」に変更して、「Netscape動きます。そして安い！」といった感じで売ろうということになっていった。

ホームページ制作とともに展示会のサポートも請け負っていた僕らは、マックワールドエキスポでブースを作り、商品の説明をする。

そもそも売れるとは思っていなかったのだが、一応仕事なので売る努力をしていたのだ。日本とアメリカで発売された「ピピンアットマーク」、結局はバンダイブランドのハードウェアが出ただけで終わってしまったので、完全に失敗ではあった。

しかしインターネット黎明期のビジネスには失敗例は山ほど転がっていた。

マックワールドエキスポのブースに「ピピンアットマーク」を初めて展示した時、ちょっと離れた場所で大きなブースを出している会社があった。

それはハイパーメディアクリエイターとして有名な高城剛さんの「フューチャー・パイレーツ」という会社。今はなき「フランキー・オンライン」という特殊なプロバイダーを運営していて、日本のインターネット業界では先頭を走っているような存在だった。

高城さん自らがド派手なプレゼン資料をもとに説明している姿にみんなが羨望の眼差しを向けている。ブラウザではなく専用ソフトを使って接続すると、めちゃくちゃキレイなグラフィックスが表示され、その中で動画が動き、チャットが出来たりする。

僕も含めてこのプレゼンを目撃した人はこう思った。

「すげー！　未来がここにある！」

その後、多くの会社が「フランキー・オンライン」とコラボすることになる。僕らのビジネスパートナーであったバンダイもこのプレゼンに目をキラキラさせて、早速バンダイでもやらせてほしいとオファーを出した。そして何億もかけて「ピピンアットマーク」用の「フランキー・オンライン」を作ることになる。

しかし、そのどれもが軒並み失敗に終わった。

インターネットは確かにすごい。しかし僕らはまだその全貌を理解できず、可能性を正確に把握することもできなかったのだ。

これは当然かつ、必要な失敗だったと思う。

日本の航空会社初のホームページを作る

佐々木さんという人はなんとも不思議なおじさんだった。親会社のBUGからフィクスの副社長としてやってきた人なのだが、まずパソコンのことがほとんど分かっていない。

聞けばBUGの前にはANAの子会社に勤めていて、ANAホテルの運営や機内食の選定に関わってきたのだという。パソコンが好きでこの仕事をしているわけではないので当然といえば当然だが、実作業の段階ではまったくと言っていいほど使えないのである。

フィクスの社員たちの間では、このなにも知らない副社長のことを「なんなの？　あのおっさんは」と悪く言う人も多かったが、Apple担当としてチームを組んでいた僕にはこの人の特性がよく分かっていた。

とにかく人がよくて話のノリも抜群。つまり営業にはもってこいなのである。プレゼンや打ち合わせの場所では、大まかなことを佐々木さんが話してその場のムードをうまく操り、僕が具体的なプランを説明するという連携ができあがっていた。

「ピピンアットマーク」のホームページを皮切りに、その接続先となるホームページの制作も次々と受注していた僕らだったが、フィクスという会社の主たる業務は、印刷システムであるMPSのサポートなので、インターネット事業を専門とするチームは存在しなかった。

そこでなんでも話しやすい佐々木さんに「ネットの仕事を新規事業でやってみましょうよ」と提案したところ、持ち前のノリの良さで即オーケー。

佐々木さん、神谷さん、そして僕の3人でWeb制作チームを作ることになった。

AT&Tの子会社で日本で2番目のインターネット商用プロバイダーを運用している企業の「Inter spin」がホームページを持っていないことが分かり、急いで営業を仕掛けたところ、見事に受注することができた。

そしてほぼ時を同じくして、社内ではあまりうだつが上がらないと評価されていた佐々木さんの存在が、俄かにクローズアップされる出来事が起こった。

霞が関のとあるビルでのことだ。営業を終えて帰ろうとしていた僕らは、そこで偶然、佐々木さんのANA時代の上司に出くわしたのである。

佐々木さんは元上司にスマイルを浮かべながら、今の自分の仕事について説明を始めた。

「ホームページの制作をやってるんで、今度プレゼンさせてください」

すると元上司から、思わぬ反応が返ってくる。

「それは奇遇だ！　うちもそういうのを作ろうと思っていたんだよ」

僕らは佐々木さんの人脈からＡＮＡのホームページ制作のプレゼンに参加することになった。Appleでのプレゼン失敗、バンダイとの「ピピンアットマーク」の仕事を通して知識やスキルを上げていた僕らは、そのプレゼンでＡＮＡの子会社のコンテンツ制作会社に見事勝利。日本の航空会社としては初めてのホームページを作ることになったのだ。

もちろん佐々木さんは実務はなにもできないので、実作業をするのは神谷さんと僕ということになる。

このＡＮＡとの仕事は、なかなかに面倒なものとなった。

まずＡＮＡ社内でも意見の統一ができていない。

僕らのプレゼンの中にはオンライン予約ができるようにしようというプランもあったのだが、ＡＮＡの営業部は猛烈に反対していた。旅行代理店や特約店から「うちの予約が減るからやめてほしい」というクレームが上がっていたらしいのだ。

どうしてもやりたい情報システム部と、やめさせたい営業部が、フィクスの僕の席の後ろで喧嘩を始めるなんてこともあった。取引先で揉め出すなんてよっぽどのことだ。

結局、オンライン予約はＮＧとなったばかりか、空席照会すらできないということに。そうなると僕らにできることは限られてくる。機内誌である「翼の王国」の一部をネットで見られるようにすることと、時刻表を表示するくらいのつまらないレベルのホームページになってしまった。

これらは紙として在るものの焼き直しにすぎないので、せめてもの違いを出すために、時刻表は出発地と目的地、時刻を設定し、検索ができるようにしようと提案する。これはＡＮＡの社内システムとダイレクトに繋げれば、簡単な話だったのだ。しかしセキュリティの問題とやらでこの方法は却下され、僕らはフロッピーディスクを使って、毎日データを更新するというアホみたいな作業を強いられることになった。

まだ情報システム部の人たちでさえ、安全と危険のラインが分からなかったという話。社内政治に揺さぶられ、ユーザビリティに関しては不充分なサイトになってしまったが、とにもかくにも僕らは、日本の航空会社としては初めてとなるホームページを作ったのだ。

会えない彼女をバイトに誘う

順調にホームページ制作の仕事を増やしていった僕らが直面した深刻な問題。それは人手不足である。

佐々木さんは仕事を取ってくるけど、実務はできない人。神谷さんはプロというわけではないデザインの仕事や、その他の業務もあってパンク寸前。僕にしてもプログラムの構築から、細々とした、それでも欠かすことのできないメンテナンス作業などがあって完全に手一杯だった。

当たり前なのだが、ホームページというのは一度立ち上げたらそれで終わりではない。更新すべき情報があれば、その都度作業が必要になるし、見せ方や使い勝手を変えていくためにリニューアルが求められる。

クライアントが増えれば増えるほど、それらの作業は膨大になってくるのだ。

その頃の僕は、ほとんど1日中会社にいて、仕事に没頭していた。

やらされているという感覚はない。僕が触れているのは、未来を変えるかもしれないインターネットなのである。自分がその変化の真ん中にいるのだという興奮は冷めることがなかった。

仕事に熱中すればするほど、プライベートのことは後回しになってくる。付き合っていた有馬さんにも、そのことで何度も怒られた。

ある日、久しぶりのデートの約束をした。

「じゃあ、明日、本郷三丁目の駅に16時ね」

翌日も仕事に追われていた僕が、ふと気が付いて時計を見ると、もう20時をまわっているではないか！　4時間オーバーである。

「やばい……」

全身から血の気が引いていく。

当時はまだ光通信がPHSを配り出す前だったので、携帯を持っている人なんてほとんどいない。僕はポケベルさえ持っていなかったので、彼女からは連絡もできずにいたのだ。

そんなことが何回か続いて、彼女のフラストレーションはついに爆発する。

「ねえ、私はどうしたらいいの？」

答えのない質問を投げかけられ、一瞬途方にくれかけたが、僕の中にあるひらめきが訪れた。

「絵が描けるんでしょ？　Ｍａｃ買ってイラストとかデザインができるようになりなよ。そしたらうちの会社の人に紹介するから」

彼女がフィクスにデザイナーとして来てくれれば、神谷さんの負担は減って大助かりのはずだ。そしてなによりも僕が仕事にいくら没頭したところで、二人が同じ空間で働いていれば、きっと彼女の不満もなくなるはずだ。万事上手くいくではないか！

彼女自身の頑張りもあり、ほどなくして彼女はバイトの一人としてフィクスに迎えられる。

これに気を良くした僕は、次々と知り合いをバイトに引き入れようと画策した。

駒場寮の先輩で、今はぶらぶらしていると聞いていた松尾さん。彼がパソコンができる事を思い出して声をかけた。

「プログラミングとかできるっしょ」

さらには松尾さんの友人の和田さんも誘い込むなど、どんどんバイトを増やしていった。

仕事はなんとかぎりぎりでまわっていく。

友達や彼女と働くことは、どこかに一緒に遊びにいくよりもずっと刺激的で濃密な時間だ。気心が知れているから、無理な注文だってできる。その時の僕にはメリットしか見えていなかった。

まぐまぐ大川さんと意気投合

当時、ホームページ制作のスキルを持つ会社は数えるほどしかなかった。

だからフィクスには様々な仕事が舞い込んできた。

全部は覚えていないけれど、先述したＡＴ＆Ｔの子会社で日本で2番目のインターネット商用プロバイダー「Inter Spin」のサイトをはじめ、歌舞伎役者の人と仲良くなったことをきっかけに「歌舞伎を世界に知らしめよう」的なサイトも作った。

サイト制作ではないけれど、飛驒高山でデザイナーがＷｅｂについて勉強するという3泊4日の合宿が開催され、その手伝いにも行かされたこともあるし、北の丸にある科学技術館に設置されるタッチパネル式のナビゲーションも作った記憶もある。まあ随分といろいろやっていたわけだ。

仕事を通してシステムの構築法をどんどん吸収していった僕は、個人的な趣味とＷｅｂ制作の練習を兼ねて、「The Derby Square」という競馬の予想サイトを立ち上げていた。サイト内で予想大会をやったり、馬の血統表を掲載したり、競馬雑誌で連載していた人にコラムを書いてもらったりと、なかなか本格的なサイトだった。当時のＪＲＡにはなかった三連複に目を付け、サイト内で予想するゲームなどもやっていたくらいだ。

フィクスの業務の中でＨＴＭＬは覚えていたのだが、Perlを使えるようになったのはこの競馬サイトの制作を通じてだったと思う。

そして肝心のＷｅｂサーバーはというと、フィクスのサーバーを使用していたのである。しかし怒られることも特になし。むしろ会社の名前を有名にしてくれるということで歓迎されているような状況であった。

外を見回せば、まだ少ないながらも面白いことをしているなあと思える人に出会えることはあった。

のちに「まぐまぐ」を立ち上げることになる大川弘一さんに出会ったのもこの頃のこと。大川さんは当時京都で「インターネットどこでもドア」というホームページを個人で立ち上げていた。個人でホームページを持っている人などほとんどいない時代の話である。それはホームページ自体が少ないので、リンクを辿っていけばすぐに出会えることも意味していて、競馬サイトをやっていた僕も、いつの間にかネット上では割と名の知れた存在になっていた。

大川さんが「インターネットどこでもドア」にアップしていた論文を読んで感動した僕は、勢いで連絡を取り、京都まで会いに出かけた。意気投合した僕らの関係はその後も続き、大川さんはなんと僕の競馬サイトに初めての広告を入れてくれたのだ。ネット広告なんて言葉もなかったので、「え、お金もらえちゃうの?」という感覚だった。

競馬サイトの上部にこんなバナーが貼られた。

「レモンと言えばビタミンC、お酒と言えばＫＬＣ」

ＫＬＣとは「京都リカーコンサルティング」という会社で、個人経営の酒屋を「カクヤス」のような酒屋に変えるコンサルをしている会社だった。

なぜこの会社の広告が入ったのか?

それは当時大川さんが、ＫＬＣでアルバイトをしていたからだった。

発見! 仕事は個人で請けてもいいのだ

いつものように会社でパソコンに向かい、ガムシャラにキーボードを叩いていた時だった。

「堀江君、ちょっといいかな」

振り返ると佐々木さんが浮かない顔をして突っ立っている。

「私、ＢＵＧに戻ることになったんだわ」

北海道出身の佐々木さんはもともとＢＵＧの社員であり、フィクスには出向という形でやってきている。また戻ってこいというのは、会社組織の中では当たり前の話かもしれないが、軌道に乗り始めたインターネット事業部門としては大打撃だ。

その頃デザイナー役の神谷さんはＢＵＧ製品のサポート業務に戻っていたので、実質、インターネット事業部門は僕と佐々木さんの二人体制。佐々木さんがその人柄で仕事を次々と受注し、僕がバイトをまわしながら制作するというスキームでかなりの売り上げを叩き出していた。

佐々木さんには佐々木さんなりの考えや感情があったのだろうが、まさにこれからという時に、僕としてはいきなり水をかけられたような気分だった。

単なるバイトに過ぎない僕に、さらにバイトを雇うほどの自由が許されていたのも佐々木さんのお陰だった。

これはいろいろ難しくなるかもしれないな、そんな予感が頭をよぎった。

実はもう一人、野村證券からやってきた石田さんという社員もいたにはいたのだが、彼はNetscapeがＩＰＯをしてすごい株価になった瞬間を証券会社の一社員として目撃し、「これからはＩＴだ！」となってフィクスにやってきたような人。パソコンやインターネットそのものよりも、この業界や起業に興味を持っていた。フィクスにいるのはあくまで業界を知るためで、1、2年限定と公言してもいた。

仕事帰りに二人で飲みに行くことがあると、石田さんは、マーク・アンドリーセンが上場時にどれくらいのお金を手に入れたかという話を熱っぽく語ってくる。

当時の僕は「上場ってなんですか?」というレベルだったのだが、石田さんからは少なからず刺激は受けたようにも思う。ITや起業には未来があるということだけは感じ取れていた。

実はこの佐々木さんが辞めるあたりから、僕は個人で仕事を請け始めてもいた。

最初の仕事を振ってくれたのは、当時日本語版「WIRED」の副編集長をしていた田中さんという人物だ。田中さんは編集をしながらフリーのWebディレクターのような仕事もしていたので、フィクスの人手がどうしても足りない時に、こちらから頼み込んで手伝ってもらうことがあった。仕事のやり取りの中で僕を信用してくれたのか、田中さんがある時、突然こう切り出した。

「オラクルのWebシステムを作るっていう仕事があるんだけど、堀江君、個人でやってみない?」

オラクルとはリレーショナル・データベースで世界No.1の会社だ。ギャランティーは総額で270万円。それを田中さんと僕、そして元々僕に田中さんを紹介してくれたライターの岡田君の3人で均等に分配しようという話だった。

そうか、個人で仕事を請けてもいいのか。確かにバイトである自分にはフィクス以外の仕事をしてはいけないという決まりはないはずだ。

石田さんから聞かされていた起業という言葉が頭に浮かんだ。

そしてなによりも、個人としての自分のスキルが必要とされていて、その対価があるという話は、フィクスの仕事とは別種の魅力的なものと感じられた。

「やります。やらせてください」

勢い込んで請け負ったものの、当時の僕はオラクルなど使ったこともなく、SQLサーバーの意味も分からない状態だった。

とはいえやると言った以上はやらなければいけないので、参考書を買ってきてひたすら勉強。なんとかSQLサーバーをWebに表示させるプログラムを作り、この仕事のために自宅にサーバーを設置した。

このあたりからはもうはっきりと起業を意識し始めていたのだと思う。

西片にある2DKのアパートの6畳間を事務所にしようと考えていて、まずはその6畳に木製ラックを2段重ねにしてパソコンとサーバーを設置。プロバイダーに繋ぐと洒落にならないくらいのお金がかかってしまうのでインターネット環境は整えていなかったが、ローカルの環境だけは作り、そこでオラクルの仕事をしたのである。

本当はネット回線があった方がいいので、フィクス内で作業をするのがベストだったのだが、さすがにまったく関係のない業務をフィクスでやれるほど僕の神経は図太くはない。故にしばらくは家で仕事をし、その後、田中さんが南青山の部屋を貸してくれるという話になり、そこに一月ほどお世話になった。

南青山で個人請けの仕事をしながら、フィクスでは通常業務もこなす日々。仕事量としてのメインはもちろんフィクスだったが、気持ちはどんどん個人での仕事の方に向かっていった。

起業を決意した日

オラクルの仕事は無事に終了した。分け前は均等に90万円ずつ。実際はほとんど僕がやったのだけれど、3で割ってもこれくらいのお金が手に入ることにびっくりした。

「なんだ、こんな感じでいいのか」

僕は、これなら独立して個人としてもやっていけるという自信を強くしていた。

田中さんや岡田君と「3人で会社を作ろう！」なんて話もしていて、いよいよ起業というものが現実的に感じられるようになってきた。これ以上、個人での仕事を増やすなら会社にした方がよさそうだ。

そしてフィクス社内では佐々木さんの後釜として、外部から新しい人がスカウトされて入ってきたのだが、僕はこのオッサンのことが、一目見た時から気に入らなかった。

彼は会社としては遊軍のような扱いだったインターネット事業部門を一つの課として組織し、自らが課長として指揮を執って、さらに売り上げを伸ばすと息巻いている。

どこからどう見ても典型的なサラリーマンオヤジであるこの人に、インターネットのなにが分かるのか。聞けば、社員が入社したら2、3週間で促成栽培して、そのままクライアントにぶち込んでしまうという乱暴な仕事を平気でやる人だという。ますますもって気に入らない。

「堀江君、俺の右腕になってくれないか」

その課長からこんなトンチンカンなことを言われた時、僕はフィクスを辞めようと決意した。サラリーマンに使われるなんてまっぴらだ。このオヤジは張り切っているだけで、実のところ仕事をなめてるんじゃないか。単にＩＴは儲かると思い込んで転職してきたオヤジの言うことなんてまったく聞く必要はない。

「僕、フィクスを辞めます」

社長は「月給70万あげるから社員にならないか」と提案してきたけど、一つの仕事で90万を手にしていた僕には何のエサにもなりはしない。しかも僕はどんなことがあってもサラリーマンだけにはなるまいと決めていたのだ。

インターネット事業部は立ち上げから1年あまりの間に２６００万円もの売り上げを叩き出していた。そのほとんどは僕がやった仕事だ。さらに次の1年では1億を目標にしているらしい。

フィクスという会社だからこそ受注できる仕事は確かにあるだろうが、僕にだってそれくらい稼げる可能性はあるということにはならないか。

個人の請負仕事はオラクル以降も見通しが明るく、田中さんをはじめとした数名が仕事を紹介すると約束してくれていた。

僕は決めた。

「自分の会社を作ろう」

お金のためというわけではない。

僕の金銭感覚は、他の大学生とさほど変わらないものだ。就職する人たちがとりあえず目指そうとしているらしい年収1000万円という基準すらまったく頭になかったくらい。コンビニでお金が足りなくて恥ずかしい思いをした時に感じた、好きなものが買えるくらいにはなりたいな、というレベルからなにも変わっていない。

石田さんから上場という言葉も聞かされていたが、もちろん会社を始める段階でそこまで意識するような時代ではない。

僕はただ流れに乗ったにすぎない。一番自然で、一番自分が楽しめそうな道が、ＩＴ系で起業するということだった。

たまたまインターネットに出会ったこと、Ｗｅｂ制作をするうちにインターネットが未来を変えると気が付いたこと、佐々木さんがフィクスからいなくなったこと、オラクルの仕事が上手くいったこと、そして新課長がサラリーマンオヤジだったこと。

このうちのどれか一つが欠けていても、僕の人生は違ったものになっていたはずだ。

第五章　新米社長

見よう見まねの事業計画書

一人で起業しようとは思っていなかった。

オラクルの仕事を一緒にした田中さん、ライターの岡田君と3人で、「一緒に会社をやろうか」という話になっていた。オラクルの仕事が首尾よく終えられたこともあって、きっとそうなるのだろうと考えていた。

しかし二人はなかなか具体的な行動に出ない。僕はだんだんイライラしはじめる。

会社を起こすことは決まった。インターネットがビジネスになることは分かっているし、仕事ももらえそうだ。そうしたら1日も早く会社を作った方がいいに決まっている。遅れれば遅れるほどビジネスチャンスを逃すことになると肌で感じていた。

僕はとりあえず一人で動くことにした。

やる気が漲《みなぎ》っている僕の前に、まず最初に立ちはだかった問題。それは、どうやって会社を作るのか分からないということ。

今だったらネットで検索すれば、丁寧な説明がいくらでも転がっているのだが、まだそんな時代ではない。身の回りに会社を作った経験がある人もいなかった。

しかし分からないことが、やらない理由にはならない。フィクスで新しい仕事を受ける時も同じだった。一度も触ったことのないソフト、知らないプログラム言語を使わなければいけないからといって、その仕事をできないと言うわけにはいかない。「できますよ！」と明るく言い放って、後から必死で猛勉強すればなんとかなるものなのだ。

僕はまず書店に行って、簡単そうな「会社の作り方」という本を何冊か買って、読み始めた。なるほど、なるほど。初めて聞く言葉は沢山あるものの、別に難しくはなさそうだ。考えてみれば、この世の中にどれだけの会社があるというのか。どんな会社だって、誰かが起業するところから始まったのだ。僕にできないわけがない。

まずは事業計画書なるものを作らなければいけない。これがなければ資本金を集めることもできない。つまりは会社の登記すらできない。

本の中に「空いている部分を埋めれば、すぐに事業計画書ができ上がる」という一章があって、そのフォーマットをパクらせてもらった。

そうしてでき上がった事業計画書は今見返すと恥ずかしくなるほど稚拙なものだ。

収入が確定している事業、未確定だけど見込める事業、人員配置計画。

どれも必死になって書いたものなのだが、ざっくりとしすぎている。

しかしこれを書いていく過程で、今まで頭の中で転がし続けるように考えてきたことが、次々とクリアになっていくようだった。

どんな会社と取引しようとしているのか。どれぐらいの売り上げを必要としているのか。それらの仕事を何人で回していくのか。パソコンは何台あればいいだろう。オフィスはどれくらいの大きさにすべきか。

僕や仲間たちがオフィスで忙しく働いている映像が浮かんでくるような感覚だ。やれる。僕はきっとやれる。

今も手元に残っている最初の事業計画書のプリントアウト。そこには作成日時も印字されている。

「1996年3月30日午前4時43分」

深夜というか朝方なのは、フィクスで遅くまで残務処理をしてから帰宅し、そのまま徹夜で書き上げたということだろう。

その時、僕は23歳。まだ東大に籍を置く大学生。多少のプログラム技術はあるけれど、ただの名もない一人の若僧だった。

創業資金は借金で

「リビング・オン・ジ・エッヂ」

最初の事業計画書に書いた会社名だ。

直訳すると、崖っぷちに生きるとなる。今ならば大学生が起業するからといって、崖っぷちというのはちょっと大袈裟だと思うけれど、その時はこれくらい切羽詰まっていたということだろう。

崖っぷちという言葉のマイナスイメージがある種のインパクトを生むと思っていた。会社名は覚えてもらえなければしょうがない。

もちろんエッヂ、つまり先端を走るのだという意味も込められている。まだ未開に等しいインターネットビジネスで成功するためには、先端を行く覚悟が必要だ。誰もやっていないことをやる、進取の精神というやつ。

知っている人も多いと思うが、僕が最初に立ち上げた会社の名前は、オン・ザ・エッヂである。当初の案からはかなり省略されることになったわけだ。

この経緯を説明するためには、ある人物の話をしなければいけない。

彼は僕に最初に出資してくれた人で、当時の彼女だった有馬さんの父親だ。

田中さんや岡田君と3人で起業するのを現実的ではないと判断した僕は、フィクスでともに働いていた有馬さん、松尾さんに、一緒に会社をやろうと持ちかけていた。

彼女や友達だから気心が知れているという利点はあるし、特に彼女はWeb制作のスタッフとしてもなかなか使える存在に成長していた。もともとイラストを描くのが好きで、僕にすすめられて当時高額だったＭａｃを購入。独学でソフトの使い方を覚えてフィクスに入ってからは、デザイナー兼イラストレーターとしてバリバリと働いていた。バイタリティーのある女性なのだ。

彼女がいてくれたら仕事面でも、僕の精神面でもきっと助かるはずと思っていたのである。

会社を起こすには資本金が必要で、僕には貯金がないので誰かから借りなくてはいけないという話を彼女にしたところ、ありがたい言葉が返ってきた。

「私のお父さんが貸してくれるかも」

彼女の父親が大手アパレル会社の社長をしているのは知っていた。つまり彼女の家はお金持ち。もちろんそんなことはよく分からずに付き合っていたので、お金目当てというわけではまったくないが、一介の大学生にお金を貸してくれるような奇特な人は簡単には見つからない。この提案は単純に嬉しかった。

「よし、じゃあ、プレゼンに行くよ」

彼女に父親のアポイント取りをお願いし、僕は事業計画書を基にプレゼンの準備を進める。

そうだ、彼女を社長にするのはどうだろう。女性社長というのは新鮮だ。インターネットの会社で女性が社長となれば、それこそエッヂが利いたイメージを持たれるに違いない。僕はただ面白い仕事ができればいいので、社長という立場にはこだわらない。

そんなアイディアも盛り込んだプレゼン資料を手に、彼女の自宅へ行った。付き合っている女の子の父親で、会社の出資者になってくれるかもしれないおじさんの前でプレゼンを始める。

彼は事業内容についてはすでに彼女から聞かされているようで、僕の説明にふむふむと頷いているだけだった。

しかし、話が彼女を社長にするアイディアに及ぶと、

「ダメだ。君が社長をやりなさい」

即却下である。

そして「リビング・オン・ジ・エッヂ」という社名を説明すると、

「こんな長い名前にするとリビングさんって呼ばれるぞ」

社会人からのさすがな指摘である。確かにそうかもしれない。

「じゃあ、『オン・ジ・エッヂ』にします」

「読みにくいな。『ジ』じゃなくて『ザ』にしなさい」

「いや、でも英語では『ジ』になるんで」

「そんなことはどうでもいい。『ザ』じゃないと日本人は読めないぞ」

「分かりました。そうします」

社名はその場で「オン・ザ・エッヂ」に決定した。

会社の外枠に関してははっきりと意見されたが、事業内容など根本に関わることには、文句どころか質問すらされない。謎といえば謎のプレゼンである。娘の彼氏を品定めするような意味合いもあったのかもしれない。

「よし、じゃあ、やろう」

彼はその場で600万円を出すと約束してくれた。

その時もらったアドバイスとして今でもはっきりと覚えていることがある。

経営方針の説明の流れで、できるだけ経費を使わずに、移動も電車を使うと話したところ、

「それはダメだ。タクシー代をケチるような仕事をしてちゃダメなんだ」

と厳しい口調で言われた。

「タクシーに乗っている間も、仕事をしたり電話かけたりできるだろう」

なるほどそうかもしれない。電車に乗る時間があるくらいなら、タクシーに乗って仕事をした方が効率がいい。もっと大きく稼いでいくことを考えろという意味もあるのだろう。

このアドバイスはその後もずっと僕の仕事のやり方の根本に影響することになる。

こうしてオン・ザ・エッヂは設立資金の目処もついた。

ちなみにこの600万円の内訳は、僕が個人で300万円、彼女が200万円を借り、100万円を会社に出資してもらうというものだった。

当時は株式会社ではなく、まだ有限会社も設立できた。資本金が600万円もあれば有限会

社は作れるのでなんの問題もない。

この時の投資分の100万円が、上場後には何億円にも化けたという話はまた改めてすることになるだろう。

ついにオン・ザ・エッヂ設立

初めてのオフィスも彼女の父親が紹介してくれたビルに構えることになった。

場所は六本木三丁目。かつて六本木プリンスホテルがあった場所の近くだ。昭和30年代に建てられた古びたビルで、2014年現在は取り壊され再開発中である。このビルの最上階のワンルームを事務所としてオン・ザ・エッヂはスタートする。

ちなみに家賃は月に7万円という破格の値段。しかも保証金や敷金礼金の類いはゼロである。彼女の父親の伝手《つて》ということもあったが、そのビルのオーナーが倉庫として使っていた（というかほとんど使っていなかった）部屋を貸してもらったのだ。

広さは6畳程度。部屋自体は至って普通のワンルームで、室内には洗面所とは呼べないほどの流し台があるだけ。トイレは階段の踊り場にある共同のもの。

ビルの近くの中古家具屋で買ってきた3つの机とソファーを置いた。パソコンやサーバーは秋葉原でパーツを買ってきて自作。それを自宅から持ってきた木製ラックに設置して、なんとかオフィスと言えなくもない感じの部屋ができ上がった。

しかし資本金があってオフィスがあってもまだ会社にはならない。

当たり前だが、会社は登記され、つまり法的に認められて初めて会社となる。

この登記作業はすべて僕一人でやった。

まずは定款を作るところからなのだが、その作業がよく分からない。司法書士に頼めば簡単らしいが、そんなお金の余裕はない。

「会社の作り方」的な本に載っていたサンプルやフィクスの業務内容をパクって、まさに見よう見まねで定款を作成する。

完成した定款を法務局に届け出るのだが、その前に定款認証が必要である。この定款認証という作業は公証役場で行われるもので、僕の場合は麻布公証役場に行くこととなった。

公証役場なんてもちろん行ったことがない。一体どんなところなのかと思って、地図を片手に辿り着いたのは、およそ公の施設とは思えないぐらいお粗末な、雑居ビルの一室。

出て来たのは70歳ぐらいのおじいさん。定款を見て判子を押してくれるという流れらしい。

しかしこのおじいさん、なかなか判子を押してくれない。

「なんだ？　このコンピューターデザインっていうのは？」

文句を付けてくるような口振りである。

定款には会社の業務内容として「コンピューターネットワークの構築、デザイン」と記してあったのだが、当時の70歳のおじいさんには、そもそもコンピューターというものが意味不明なのである。

出来るだけ分かりやすく説明しようと試みた。しかしおじいさんにはやはり伝わらない。

「これは電子計算機と書いた方がいいんじゃないの？　法務局で通らないよ」

さらにごちゃごちゃと言い始めた。

「いや、電子計算機とかじゃないんですよ。コンピューターネットワークと書かないと僕らの商売じゃないんです」

僕とおじいちゃんは窓口で押し問答をする羽目になった。

最終的にはおじいちゃん、

「法務局で通らなくても知らないぞ！」

という捨て台詞とともに判子を押してくれたのだが、なんともしんどいやり取りだった。

今なら分かるのだが、公証役場というのは、元検察官が働く場所、検察官の天下り先なのである。公証役場での作業は法曹有資格者などでないと行えない。不動産の登記や定款の認証などなど、諸々の公正証書はすべて公証役場を通すことになるので、濡れ手で粟のような場所なのだ。

しかも検事としてある程度のポストにあった人たちしか天下れず、彼らの年収は2000万円から3000万円と言われている。あのじいちゃんもそれぐらいもらっていたのだ！

若かった当時の僕はせっかくの起業の勢いに水を差されたような気分だったが、検察官にひどい目に遭わされた経験のある今は「検察官ならしかたないな」と思う。こういう奴らが、世の中の目立たないところで甘い汁を吸っている。

さて、公証役場で「法務局で通らない」と文句を付けられた定款を実際に法務局に持って行ったところ、なんなくスルー。

つまりあの押し問答は無駄だったわけだ。

こんなドタバタはあったものの96年4月23日に有限会社オン・ザ・エッヂは設立の運びとなった。

社員たちとお祝いをしたかというと、社内はまったくそんな雰囲気ではなかった。

なぜなら僕らのところにはすでに、沢山の仕事が舞い込んで来ていたから。

みな目の前の作業に追われていたのである。

税理士・宮内氏との中華街ランチ

「とにかくスーツを着てくるように」

出資や物件探しとあらゆる意味でお世話になっていた彼女の父親からそう忠告されていた。

その日は会社の取引先銀行を紹介してもらい、法人口座を作ることになっていた。

大学の入学式で着たまま、押し入れにしまい込んであったスーツを引っ張り出す。バイト漬けの不摂生で多少タイトにはなっているけれど、なんとか着られた。

ひと安心と思ったところで、ふと気が付いた。

革靴がないのである。

ここ数年間、まったく革靴には用がない生活を送っていたのだから、当然と言えば当然だ。

銀行とのアポイントは午後からで、午前中は横浜方面で税理士に会う予定だった。じゃあ横浜のデパートに寄って買えばいいか。

その日、横浜で会った税理士とは、後に僕のビジネスパートナーとなり、オン・ザ・エッヂ、そして「ライブドア」を大きくする原動力となった宮内亮治氏である。

僕と会った時の宮内氏は27歳。税理士事務所に所属するまさに駆け出しの税理士だった。どこで彼と知り合ったのかというと、これはインターネットの繋がりである。

以前、京都に会いに行った大川さんが、「スパイダーメーリングリスト」という名の、インターネットの未来を語り合うというメーリングリストを主宰していて、僕も宮内氏もそこの登録者だったのだ。

大川さんに税理士を探している旨を相談すると、「メーリングリストの中に宮内氏という税理士がいるよ」と教えられて、連絡を取り合うようになっていく。

「会社の作り方」的な本には税理士は頼んだ方がいいと書かれていた。彼女の父親に紹介してもらうことも可能だったのだろうが、これ以上お世話になるのもなんだか気が引ける。それに、公証役場でのあの不快で不毛なやり取りを、税理士相手に何度も繰り広げることになるのはなんとしてでも避けたい。

オン・ザ・エッヂはプロバイダーやサーバーやソフトなどにどうしてもお金をかけなくてはならず、その一つ一つがどういうものかを説明しなくて済むような税理士を探していた。

宮内氏がパソコンに詳しいことは「スパイダーメーリングリスト」に登録している時点で証明されているようなものだ。

宮内氏とは桜木町で会い、中華街でお昼ご飯を食べた。やっぱりパソコンやインターネットに明るい人で、僕がオン・ザ・エッヂでやろうとしていることを瞬時に理解してくれた。この人だったら任せられる。

「よろしくお願いします」

「いえ、こちらこそ」

宮内氏の方は、スーツを着てスニーカーを履いていた若僧をどう思ったのかはわからないが、面会は無事終了。

その後、横浜のデパートで革靴に履き替えた僕は、六本木の三和銀行へと急いだ。

彼女の父親が取引している銀行だったので、出て来たのはなんと支店長。

銀行の支店長など会ったことがない人種だったが、つつがなく口座は開設されたのである。

売り上げ、社員ともに急増

仕事はどんどん入ってくる。

そもそも「起業してから仕事をもらう」というよりも「仕事があるから起業した」という感覚だった。

そして開業後間もなく、「仕事がありすぎて回らない」という状況に陥る。

有限会社設立時のメンバーは僕と有馬さん、そして松尾さんの3人。5月には僕が誘ってフィクスでバイトしていた和田さんを招き、6月にはまた新しいバイトを採用するという有様だった。

最初の6畳程度のオフィスではすぐに手狭になり、半年も経たないうちに次の場所に引っ越すことになる。

引っ越しといっても同じビルの同じフロア。なんと隣りの部屋である。20畳ほどの部屋が空いたというのでそこに移転することに。

仕事も人もどんどん増えていって、結局そこはバイトも含めて15人くらいがあくせくと働くオフィスとなった。

あまりに忙しくて家に帰れなかった僕は、オフィスで寝泊まりするのが常だった。6畳の時はベッドを置けなかったので、眠くなったらソファにごろり。

引っ越してから仮眠用ベッドを導入し、より快適な24時間会社ライフを送っていた。

西片のアパートはまだ借りたままで、ルームシェアをしていた中谷君がほとんど一人で住んでいるような状態。僕は会社と西片をたまに車で行き来して、着替えを運んだりしていた。

しかしその中谷君が大学院に行くため駒場に移るので、西片を出ると言う。そうなると西片の家賃12万円を自分一人で払わなくてはいけない。

起業するのにすべてのお金を使ってしまった僕に、そんなお金はないのである。

いちいち六本木と西片を往復するのも面倒なので、六本木近くで物件を探してみたのだが、アホみたいな家賃なので断念せざるを得なかった。

そこで母親が勤務している会社のオーナーが都内にマンションを持っていると聞いて、その一部屋を紹介してもらうことになった。

場所は銀座。と言ってもほとんど新橋と言った方がいい銀座八丁目。

部屋の広さは6畳ということになっていたが、実際は4畳半。家賃は確か6、7万円でなんとか払える値段だ。狭さはもちろん気になるけど、まあどうせたまに帰ってくるだけの、倉庫みたいな場所だしいいかなと思い契約した。

なぜ仕事が回らないほど忙しい会社の社長が、そんな安い物件に住まないといけないのかというと、その頃の僕の給料は月額20万円と決められていたのである。決められてというか、決めたのは僕なのだけれど。有馬さんや松尾さんも同じような額だったはずだ。

起業時に受けていた仕事は忙しいながらも順調にこなしていたし、夕刊フジのサーバー管理や富士フイルムのサイトの更新などのレギュラー仕事だけでも月に200万円ほどの売り上げがあった。それに加えて、その年の後半からはどんどんスポットの仕事も舞い込んで来たので、初年度の売り上げは数千万円に及ぶことになった。

月額20万円という給料は創業時のスケールで設定したもので、僕はあまりに忙しすぎて、それを見直すような余裕がなかったのである。

決算が近づいたある日、税理士の宮内氏から忠告される。

「社長、このまま給料を安くしておくと黒字倒産しちゃうよ」

「黒字倒産」の意味が分からない僕は、こんなに仕事が順調なのに倒産するなんてありえないと焦り、急いで自分と社員の給料を上げることにした。

バックレ社員と追い込まれた仕事

96年の年末の慌ただしさは忘れることができない。既にレギュラーの仕事で目が回るほど忙しかったのに加えて、年末に二つの大きな仕事を抱えていた。

一つは博報堂から請け負った電子年賀状。お年玉付きの電子年賀状のシステムを作る仕事だ。

このシステムを作った当時、今はみんなが普通にやっている負荷分散も、まだ手探りの状態だった。サーバーが落ちないように、この部分は別のサーバーにしてというノウハウを実践の中で覚えていった。

僕はこの電子年賀状に付きっきりだったので、もう一つの方はメンバーに任せっきりになっていた。さすがにこの頃になるとすべてのシステムを僕が一から作っていたのでは仕事が回らない。

メンバーに任せていた仕事とは、大晦日に行われる小室哲哉ファミリーのイベントのネット中継である。

ＴＫと呼ばれていた小室哲哉氏は、プロデューサーとして多くのアーティストを世の中に輩出していたわけだが、この頃は人気のピークだった。

実はオン・ザ・エッヂは「komuro.com」や華原朋美の「tomomi.com」などＴＫファミリーのサイトを一手に制作していたのである。

その流れで、当時一世を風靡していたglobeのライブのインターネットチケットサービスも手がけた。インターネットでチケットを販売したのは日本ではglobeが最初である。そのシステムはサイバーキャッシュという会社のシステムを利用したのだが、そのサイバーキャッシュを日本で初めてインストールしたのは僕なのだ。

という感じで小室ファミリーとの仕事は様々な分野におよび、年末には日本では前代未聞の規模となるイベントのネット生中継である。

このイベント中継には会員登録している100万人くらいの人たちが一斉に見に来ることが予想されていて、イベント中にサーバーが落ちるなどのトラブルは絶対に許されないため、その準備には相当周到なものが求められるのであった。

しかしここで事件が起こる。

12月26日。大晦日のイベントまであと5日と迫ったこの日、イベント中継の担当をしていたメンバーが会社に来ないのだ。

「あれ？　遅いね」

訝っていた僕らだったが、次第にそれは焦りへと変わっていく。

「もしかして、またバックレたんじゃねえか！」

実はこのメンバー、以前も成田（新東京国際）空港公団のWebの仕事でも、納期前日というあり得ないタイミングでバックレていたのだ。この時は僕が謝罪に行き、納期を1カ月遅らせてもらうことでなんとか事無きを得たのだが、今回は納期云々の話ではない。生中継である。

ちなみに前回のバックレの時は、スタッフが毎日のように家を訪ねたものの鍵を開けてもらえずに引き返すということを3カ月続けてやっと、髪も髭もボーボーに伸び放題の彼が出て来たという顚末だった。その姿があまりに可哀想すぎてみんな怒るに怒れず、なんとなく彼はまた職場に復帰していた。

その復帰第一弾の仕事がこのTKファミリーのイベント中継である。

「あいつに任せるんじゃなかった」

しかし後悔は先に立たないし、否が応でも5日後にイベントは行われる。

幸いにして電子年賀状の仕事を一段落させていた僕は、自らが指揮を執りオン・ザ・エッヂの総力を挙げて、なんとかこの難を乗り切ることを決意した。

いや、もう本当にやるしかない。

振り返っても「よくやったな」という言葉しか出てこない怒濤の日々だった。

この短い時間の中で、今でいうシングルサインオン的な、複数サーバー間で独自通信をするシステムを開発したりしたのだから、自分でも驚きだ。

迷っている時間もないので、すべて自分で「もうこうするしかない」という仕組みを決めて、バリバリとシステムを作り上げていった。

僕はもちろんスタッフもまさに不眠不休。そしてなんとか大晦日の生中継に滑り込んだのである。

イベント当日、僕は会場にスタッフとして出向いていた。以前から小室さんのサイトは制作していたものの、ご本人に会うのはこれが初めて。

マーク・パンサーと一緒に歩いて来た小室さんは、僕を見て一言。

「おっ！　頑張ってるね」

これまでのバタバタを一瞬忘れて、小室哲哉に声をかけてもらったことに興奮していたのだから、僕は純粋な、普通の若者だったのだ。

母親怒鳴り込み事件

「バックレ事件」の後は「母親怒鳴り込み事件」である。

そのバイト君はなかなか優秀な男だった。灘中高出身の東大生で、僕が東大の学生課に頼んで掲示板に貼ってもらった求人を見てやってきた。

オン・ザ・エッヂに入る前からパソコン好きではあったようだが、プログラムやＨＴＭＬはまったくできなかった。しかし仕事を通じてものすごい勢いで吸収していく。

「君がうちに入ってくれたら、あと1億は売り上げが立つね」

僕は期待を込めてそんな言葉をかけた記憶がある。

彼もますますやる気になったのか、大学に行かずに朝から晩までずっと会社に籠って仕事を続けている。時給も最初の１０００円からどんどん急上昇。すべては順調のように見えた。

しかし僕の言葉を素直に受け取った彼は、親に対して「大学を辞めて働く」と宣言していたようなのだ。そして、どうなったかというと……。

母親が会社に怒鳴り込んで来たのだ。

「こんな会社に入れるために、ウチの子は東大に入ったわけじゃない！」

まさに「キーッ！」といったテンションでいきなり叫び出すのだから、これには面食らった。あまりにも驚いた僕は、まともに言葉を返すことができず、他のスタッフがなんとか母親をなだめてお引き取り頂いた。

僕は「働いてほしい」とアピールはした。しかし大学を休んでほしい、ましてや辞めてほしいと言った覚えはない。あくまで彼が自主的にそうして、仕事に打ち込んでいただけの話だ。しかしこの事件で意気消沈してしまった彼は、ほどなくしてオン・ザ・エッヂを辞めてしまった。もし彼がそのまま残っていたら、会社は上場もしたのでなかなか面白い人生にはなっただろう。

母親の言った「こんな会社」の意味は分かるが、じゃあどんな会社だったらいいというのか。所謂、名の知れた大企業とやらに就職すれば一生が安泰というおめでたい考えの持ち主なのであろう。自分の古い価値観を子どもに押し付けてくるなんて最悪だ。このバイト君も可哀想なものだ。

彼は本当に残念な例だったが、同じように優秀な人材が見つけられることもあったので、その頃からはバイトを引っ張ってきては能力を品定めし、将来性がある場合は大学卒業を待たずして社員登用するというやり方をしていた。

当時のＩＴベンチャーではこれと似たようなことをしている会社が多くあり、たとえばドワンゴの川上量生氏もニコニコ動画の運営長を同じような方法で引っ張り上げたと聞く。

人材の登用や育成については様々な考え方があるが、現在のニコ動の隆盛を見れば、それが正しかったのか否かは分かるだろう。

オン・ザ・エッヂにも、学生バイトから社員に成り上がって、ものすごい活躍をした宮川君という人物がいる。彼はライブドア時代にトッププログラマーとして業界に名を馳せるまでの存在になったのだ。

宮川君は東大を中退してオン・ザ・エッヂに入社した。

しかし、宮川君の母親から怒鳴り込まれたことは、もちろん一度もない。

株式会社にするための裏技

97年7月、創業からわずか1年4カ月で有限会社オン・ザ・エッヂは株式会社に改組する。

「社長、これだけ売り上げが伸びてるんだったら、株式にした方がいいですよ」

税理士の宮内氏が、いかにも簡単なことのように提案してくる。

「でも株式って資本金1000万円以上必要（当時）でしょ?」

会社はもちろん儲かっていて、内部留保は起業時に彼女の父親から借りたお金を返しても、さらにもう何百万円かは残るような状態だった。しかし1000万には及ばない。

「デット・エクイティ・スワップすればいいんですよ」

え？　デットなんとかってどういうこと？　当時の僕はそんな感じではあったのだが、デット・エクイティ・スワップとは、簡単に言うと負債分の金額を資本分へ移動するというもの。

実はこの時、僕は役員報酬として月に100万円をもらっていたのだが、実際はそれを受け取らずに、会社に未払金として貸し付けている形になっていたのだ。その未払金分の数百万円を資本の部へまわせば、新たに資金を調達しなくても株式会社化が可能。なんだか魔法のようなテクニックである。

「じゃあやりますか！」

即決である。

株式会社化するには役員が3人必要である。僕と彼女の有馬さん、そして寮の先輩で起業時からのメンバーである松尾さんが役員となった。

この時点ではまだ上場のことなど頭にはない。株式会社化することで、会社の信用度が高くなり、資金調達もしやすくなる。つまり、より大きくて面白い仕事ができる可能性が高まると思ったのだ。

会社はものすごい勢いで仕事を増やしていった。バイトもどんどん採用する。

みんなの給料も高く設定し直したものの、できる限り経費は使わないという方針は創業以来守っていた。使わないというのは表現として正しくなく、経費という概念がなかったのだ。

儲かってくると利益を減らすために（つまり税金を減らすために）経費を使おうとする会社は珍しくないが、オン・ザ・エッヂは違った。僕は経費を使うことを無駄遣いすることのように思っていた。

冷静に考えれば「なんでだろう?」という話なのだが、その頃の会社はとにかく内部留保を増やして早く楽になりたいという時期だったので、出て行くお金は極力抑えたかったのだ。

また僕自身、あまりに忙しくて、飲みに行って経費を使うなんて暇がどこにもなかったというのもある。

毎日のように会社に泊まり込み。食事はというと、食べに行く時間すらもったいないという感覚で、ファミリーマートのファミチキやポテトなどレジ横のホットデリを食べて終了という具合であった。あとは宅配のお弁当で「菱膳」というお気に入りがあって、買いに行くのすら面倒な時はそれを食べるというのがお決まりとなっていた。

外食なんか本当に稀で、早朝の3時か4時まで仕事をして、「あー腹減ったなー」となった時に、六本木ロアビル前の寿司屋「びっくり寿司」でベトナム人が握る寿司を食べたり、今のミッドタウンの辺りにあった焼肉屋「叙々苑」でビールとともに肉を流し込むくらいだった。近くで深夜営業しているお店をそれしか知らなかったのだ。

お腹を膨らませたら、外苑東通り沿いにあるゲームセンターに寄って、会社に帰って寝る。すぐには眠れないな……という時は、車を飛ばして川崎や吉原の風俗まで出かけることもあった。

こんな感じの生活だったので、銀座に借りていた家にもほとんど帰らない。あまりに帰らずポストも見ない状況なので、電気代を滞納していることに気が付かず、ある日、久しぶりに玄関を開けたら電気が点かないでビックリということがあった。

給湯がセントラルヒーティングシステムだったので、お湯だけは辛うじて出る。

「よかったー、風呂、入れるわー」

懐中電灯を手にして湯船に浸かった。

もちろん馬券を買いに行く時間もなく、競馬サイトは続けていたものの、ギャンブルはすっかりご無沙汰に。髪を切りに行く時間も惜しくて、伸び放題のロンゲ。

仕事の中心がプログラミングなので、とにかく会社に籠りっぱなしだった。今で言うところのＩＴ土方だ。

でも自分でプログラムを作っているので、仕事が完璧という自負はあった。そしてその仕事のクオリティーが、次の新しい仕事に繋がっているという実感の中、僕はいくらでも働けるような気になっていた。

オフィス増床に次ぐ増床

20畳のオフィスもあっという間に手狭になった。この時点で30人くらいが働いていたのだから、部屋は人とパソコンの熱気でムンムンな状態である。なんとかしないといけない。

タイミングも良く、僕らはビルの8階のワンフロアまるごとを借りられることになった。またもビル内引っ越しである。こうなると50人はいけるのだ。

と安心したのもつかの間で、1年も経たないうちに、ワンフロアでは足りないという事態に陥る。仕事も人も湧いて出てくるようだ。さて、どうしようとなった時、今度は7階も借りられるということで、ビル内の2フロアを占拠。

6畳のワンルームから3年足らずでの大出世だなあと感慨に浸る余裕もなく、最終的には4階も借りて3フロア！　となるのだ。

スペースに余裕ができたので、この頃、仮眠室やシャワールームを併設し、いつでも快適に泊まれるような環境を整えた。これで夏場に風呂に入れずに全身の蕁麻疹に悩まされることもないだろう。

その仮眠室を一番利用していたのは誰かというと、やはり僕である。

自分の家は銀座の4畳半から、半年後に祐天寺の2DKに移していたけれど、相変わらずほとんど帰ることもなく、倉庫代わり。会社にシャワーもベッドもあるとなれば、ますます帰る理由がなくなってくる。

夏休みや正月休みももちろん返上して、というかもともとあると思っていないので返上とも言えないのだが、毎日毎日寝る以外はずっと働いた。

プライベートがないといえばそうだけど、いつも彼女と一緒にいるのでその点は問題なし。ただ四六時中一緒にいるので、浮気的なことはやりにくい。

ちょっとこちらに気がありそうな女子大生、取引先で意気投合したお姉さん、そんな女の子たちとご飯を食べにいくことすら難しい状況である。

彼女が頭から湯気を噴き出しそうな勢いで働いている時に、

「ちょっと行ってくるわ！」

はなかなか難しい。

「どこに？」

と問われれば、まだ20代の初心な僕は口ごもってしまう。

「いや……ちょっと気分転換に遊びに行こうかと……」

今だったら、時には上手く嘘をつくのも必要だと分かっているし、上手いことかわせる技術も身につけているのだが、当時の生真面目な僕は、まるで彼女に監視されているような気持ちになってしまった。

「なんで自分だけ遊びに行くの！　遊びたいなら私と遊べばいいじゃない！」

彼女は興奮して、ヒステリックな声を上げる。

ああ、息苦しいな。

彼女との恋人としての距離は少しずつ開いていった。

360度評価システム発明

社員のみんながどんな風に働いていたのかあまり記憶にない。目の前の仕事に向かうことに精一杯で、みんなの様子にまで注意を払う余裕がなかったのだと思う。

僕のように会社に寝泊まりする人は確かにいたが、多くは終電とかでちゃんと家に帰って普通に出勤していたんだろう。

それでも僕は、会社の早い段階から、具体的には社員が10名を超えるあたりから、将来を見据えた給与査定システムを模索し始めた。

創業当初は採用時にエイヤ！　で交渉し、その後スキルアップや本人からの申し出などの節目に個別交渉をするというやり方だった。

社長というのは出来るだけ人件費を抑えたいのが本音。念のため言っておくと、僕の場合はお金を払いたくないというのではない。安定経営のためにはある程度の内部留保を確保せねばならない。事実、決算時にある程度の利益が確保できそうならば、その時点でボーナスを別途考えていた。

給与をより適正に、公平にするためには、新しいシステムが必要だ。給与交渉というのは、なかなか精神的にタフな仕事でもあるし。

試行錯誤の末に完成したのが「３６０度査定システム」。これはライブドアが注目されるようになると、結構話題にもなったシステムだ。

査定に上司を介在させず、社員同士が一般・専門の二つのジャンル各々20項目を5段階で評価し合い、その集計で給与ランクを決定するというもの。最終的にはマネージャークラスが集まる会議で、入社から日が浅いなどの理由で評価がぶれている人の分を微調整するなどして給与が決まっていく。これを四半期毎に行うのだ。

実力がある社員はどんどん給料が上がるし、そうでない者は容赦なく減給である。

初めは紙を配って記入していたが、Ｗｅｂで自動集計方式に変えていったりとマイナーチェンジを繰り返し、少なくとも僕がライブドアを辞任するまではこの方法で査定が行われていた。マネージャー・役員は例外で、完全自己申告制の実力主義システムを採用。みんな結構な額をもらっていたはずだ。もちろん正当な報酬だったのだが。

僕はというと、一体自分がいくらもらっているのかよく分からない状況で、貯金にも興味がないので口座にお金がどれくらいあるのか把握していなかった。

ある日曜日のこと。休日で社員も少ない会社の中で、ちょっと時間ができた僕は、珍しく預金通帳を開いてみた。そうしたらなんと、いつの間にかお金が貯まっているではないか！

「ポルシェ買っちゃおう」

いつもファミチキを買っているビル1階のファミリーマートに行って、中古車情報誌を購入。憧れのポルシェ928が載っていたのですぐに電話をしたところ、なんと翌日には納車された。確か300万円くらいをキャッシュで支払った記憶がある。

ネットバブルに浮かれまくる日々

「ビットバレー」という言葉を覚えているだろうか。

当時、ネットベンチャー系の勢いのある会社は渋谷近辺に集中していたので、渋谷＝ビターバレーのBITTERにデータの最小単位BITをかけて、BIT VALLEY。もちろん語源は、AppleやGoogleなどのIT企業が本拠を構えるシリコンバレーだ。思いついた人はシャレたネーミングだと悦に入ったのかもしれないが、僕は浮ついた感じがしてまったく好きになれなかった。

新しいものが出てくるとすぐに名前を付けて一括りにして、分かったつもりになるマスコミも虫が好かなかった。彼らはそれぞれの会社がどんな業務内容なのかには興味がなく、ただムードだけ摑もうとしているのだ。

サイバーエージェントの藤田晋氏とともに僕はビットバレーの中心人物と目されていた節があるが、この言葉が使われ始めた頃のオン・ザ・エッヂはまだ六本木。決して渋谷じゃない。

六本木と渋谷はタクシーですぐだけれど。そしてその後すぐ渋谷に引っ越すんだけれど。

アメリカのネットバブルの大波は日本にもやってきていて、色々な業界でネットベンチャーへの注目が高まっていた。

とはいえ当時の日本にはまともな業務内容のネット企業は両手で数えるくらいしか存在せず、オン・ザ・エッヂはその中の一社だったので、社長である僕はいろんな集まりに呼ばれるようになっていた。

日本興業銀行のパーティーにいつものTシャツ、ジーンズ姿で参加したら、めちゃくちゃどん引きされたし、東証主催のマザーズ発表パーティーには大遅刻、というか正確には間に合わなかった。当時は現役のプログラマーでもあり、仕事を途中でストップさせるのが難しかったので……というのは体のいい言い訳であって、要はナメていたんだと思う。当時はそんな自覚はなかったけれど、今なら分かる。

僕は調子に乗っていた。

今でも覚えているのは六本木の「ヴェルファーレ」（今は「ニコファーレ」になっている）で行われた「ビットバレーNIGHT」に参加し、壇上でスピーチしたこと。当時のビットバレームーブメントの中心人物だった松山大河氏に誘われたのがきっかけだった。しかし僕は、正直そんな集まりには参加したくもなかった。

会場には学生から証券会社の営業まで、単に金持ちになることを夢見ているだけの有象無象が集い、熱気ムンムン。参加している経営者にしてもエセIT起業家たちだろうと馬鹿にしていた。彼らと同類と思われるのは許せない。オン・ザ・エッヂは何年も前から高い技術力が評価され、優良クライアントをたくさん抱えているという自負がある。

それじゃあ、断ればよかったじゃんという話なのだが、なぜ僕が「ヴェルファーレ」まで足を運び、壇上でのスピーチまで引き受けたのかというと、イベント主催者からこう言われていたからだ。

「ソフトバンクの孫さんと並びでスピーチしてほしい」

ふむふむ、それなら出てやってもいいか。

当時、ナスダックジャパンをぶち上げることで、超保守の東証を焦りまくらせ、結果マザーズの立ち上げを宣言させた孫さんと同等の扱いを受けるのであれば、まあいいだろうと思ったのである。

その時なにをしゃべったかは全く覚えていないが、ちょっとした優越感のようなものは覚えていたに違いない。

ネットバブルの狂乱の中に、僕もいつの間にか、そしてしっかりと飲み込まれていたわけだ。

第六章　上場

創業メンバーたちの言い分

会社に限らず、なんでもそうなのだろうが、急に大きくなるということは、どこかしらに痛みや軋轢を生むものだ。

創業以来、まさに倍々ゲームのように利益と社員を増やしていったオン・ザ・エッヂ社内にも、古参のメンバーと、新しく入ってくる人たちの間で、様々な衝突や対立が起こるようになった。

僕以外の昔からいるメンバーの多くは、収入が増えたことは喜んでいるものの、自分たちの自由が利かなくなっていくのは受け入れがたいと思ったようだ。最初のうちは新しく入ってくる人といえば学生バイトしかいなかったわけだが、徐々に他社での経験者や、マネージャークラスの優秀な人材も流入してきた。

彼らは古参メンバーたちに比べて、現場経験やビジネスについての知識が豊富。仕事の効率的なやり方や、人事についても物申してくる。

しかしながら、また「360度評価システム」では給与が逆転するようなことも頻繁に起こる。

古参メンバーにとっては、「あの新入りは偉そうだ」となるのである。

社会人経験のまったくない人間たちで始めたオン・ザ・エッヂなので、古参メンバーの多くは、会社といえばここしか知らないのである。新規入社組にとっては、ごく真っ当な主張であっても、拒否反応を示すことがあった。

社長である僕は会社の成長とともに取引先もどんどん大きくなり、その経営者たちと切磋琢磨していくうちに、様々な刺激を受け、新しい知識を吸収している自覚があった。ビジネスの場で出会える人の質が明らかに変わってきているのであり、それに対応するためには自分も成長しなければならない。

しかし会社に籠り、内向きの中間管理職的役割を担っていた古参メンバーにそれは望めないばかりか、僕に対して「堀江は変わった」という言い方をする人まで出始めていた。

税理士として関わっていた宮内氏は、会社の経理として入社していて、財務全般を取り仕切る存在になっていた。

技術力の割に営業が弱くて、実質僕が営業の責任者的な役割を兼任しているという状況を改善すべく、他社でトップ営業マンとして活躍し、また部下たちをマネージメントするスキルも併せ持つ人をヘッドハンティングしたりした。

またプログラマー界ではPerl言語の第一人者としてカリスマ的な支持を集めていたDan Kogai（小飼弾）氏を技術部門責任者として、社長の僕よりも高給という待遇で招聘した。

Dan氏は僕としても憧れの存在で、彼がいることで技術力が向上することはもちろん、優秀なプログラマーがオン・ザ・エッヂに集まってくることも期待したのだ。彼自身は芸術家肌のプログラマーなので前者はともかくとしても、後者は期待どおりで、彼がいるからといってオン・ザ・エッヂに注目し、入社してくるプログラマーもいた。

このDan氏ははっきりと物を言う人だった。松尾さんが創業メンバーだからというだけで役員にいることはおかしいと主張して、結果松尾さんは会社を去ることとなった。

松尾さんは人柄もよく仕事もまったくできないというわけではなかったのだが、社員10人の会社でうまく働ける人が、１００人規模となっても成果を出せるかというと難しい。

彼女であった有馬さんとは、恋愛関係が冷え切っていくとともに、職場での関係もぎくしゃくとしたものになっていった。彼女は会社の大株主でもあるので、古参メンバーの中でももっとも発言権を有する存在だ。

彼女も、会社を大きくしていこうとする僕のやり方に反対していた。

エッヂの株に集まる人々

「どうして会社を大きくしなくちゃいけないの？」

恋人であった頃の有馬さんから、何度もそう問いかけられた。

僕にはもちろん、はっきりとした答えがあった。

社長にとって会社が小さいという事実は、経営における大きな不安材料なのである。経営規模が小さければ、自己資本は少なく、内部留保も少ない。世間の景気がちょっと悪くなったり、売り上げが落ち込んだりしただけで、途端に経営危機に陥る。

会社を大きくするのももちろん大変だが、実は小さいままのプレッシャーに耐えていく方が、さらに困難だと考えていた。

また従業員も30人を超えてくると、社長の目が全体には行き渡らなくなる。そうなると不正を行ったり、クオリティーの低い仕事をして平気な顔をしている者も出てくる。すべてを社長の僕が監視している余裕はないので、マネージャーを置き、管理体制を整えるしか手はないのだが、そうすると人も増えていくわけだ。

もちろん仕事も売り上げもまだまだ増え続けるはず。

僕が社長として会社を続けていく限りは、会社はどんどん大きくする。この考えは誰になにを言われようと揺らぐことがなかった。

当然ながら会社の大きさとは社員の人数だけではない。資本金を上げて会社の体力をアップさせることも重要だ。

会社の売り上げが増えれば、日々動くお金もどんどん大きくなっていく。その動くお金の額と資本金がアンバランスになるという問題が生じてきた。

オン・ザ・エッヂは創業から1年後には1億円に達する売り上げ規模へと成長していたが、その時の資本金は600万円。1億の売り上げに600万円では少なすぎるので、宮内氏の勧めもあり、増資して株式会社に改組した。

その頃もキャッシュフローは周到に考えていて、すでに内部留保は5000万〜6000万円に達していた。年商の半分に近い金額を擁しているので経営状態は安定していた。だが、これからインターネットはもっと普及していくはずだ。それに対応するためにはもっと社員を雇わないといけないし、投資もしていかなければならない。

また前述したようになにかマイナスなことが一つ起こってしまうと、資金繰りはとたんに悪化してしまう。キャッシュは持っているから即倒産とはならないだろうが、あっという間に債務超過に陥る可能性がある。そうなるともう銀行から融資を受けられなくなる。債務超過になった会社とは取引を停止するというルールを定める企業も多い。もう後は坂道を転げ落ちるように経営状況は悪化していく。

なんとしてでも債務超過は回避しなければならない。

そのために増資をして会社の体力を上げよう、と考えていたのだ。

1000万円にした時は、デット・エクイティ・スワップという手法を取ったわけだが、99

年に再び増資すべきタイミングがやってきた折には、第三者割当増資をして資本金を4000万円に増やした。

上場が見えてきた頃になるとオン・ザ・エッヂに投資したいという人が次々と現れた。

光通信の重田康光社長にお会いしたのもこの頃のこと。初対面となる会食の席に30分くらい遅刻、しかもTシャツとジーンズでやってきた僕にビックリしていたようだが、その場で投資を即決してくれた。しかも投資担当だった村上輝夫氏は売り上げ2億足らずのオン・ザ・エッヂ株に一株600万円の値段を付けてくれた。

破竹の勢いで上場を果たしたグッドウィル・グループも投資してくれることが決まるなど、この時の第三者割当増資では約6億円も調達することができたのだ。

話はまとまらなかったものの、小学館の相賀昌宏社長も投資したいということで、六本木のボロビルまでわざわざ来てくれたのには驚いた。

JAFCOなどのベンチャーキャピタルとも沢山接触したが、彼らが提示するのは、光通信やグッドウィルの半額程度だった。

これがなにを意味するかというと、明らかにITバブルで、我が社の価値は高騰していたということである。

盟友サイバーエージェント・藤田氏のこと

サイバーエージェントの藤田氏がいなければ、もしかしたら上場なんて考えなかったかもしれない。

「僕はサイバーエージェントを上場企業にする」

彼は出会った頃からそう言い続けてきた。

藤田氏が最初に僕を訪ねてきたのは、98年のことである。その時、藤田氏は24歳、僕は25歳。彼が企画したクリック保証型のネット広告「サイバークリック」のシステムをオン・ザ・エッヂに作って欲しいという依頼だった。

訪ねてくる前、彼は1通のメールを送ってきていた。そのメールがなんとも素人っぽくて、僕は正直会うのを躊躇《ためら》った。インターネットのことは全然分からないんですけど、盛り上がってるっぽいんで起業した者です、と受け取れるような内容だったのだ。

僕はもうすでにかなり忙しかったので、いつもならそんなメールは無視するところなのだが、その時はなぜか会ってみてもいいかと思ったのである。ある意味、魔が差したのか。

社員二人を連れて六本木の20畳のオフィスにやってきた藤田氏は、一見ぼんやりしていそうだが、話してみるといかにも営業ができそうな男だった。

そして彼のプロフィールを聞いてみたら、サイバーエージェントを起こす前に働いていた「インテリジェンス」で、僕の開発した商品を異様に売り上げていたのが彼だったということが判明した。

そこで俄然話が盛り上がり、僕は依頼を快諾。さらには共同事業として「サイバークリック」を運営することにもなった。

藤田氏は独特の癒しキャラで、部下とともに次々とクライアントを口説き落としてくる。「サイバークリック」は絶好調で、毎日のようにシステムを改良し、毎週のようにサーバーを増設する必要があった。

彼とはその後も「クリックインカム」（のちの「メルマ」）も立ち上げてこれも大ヒット。大川さんの「まぐまぐ」から人気メルマガを軒並み引っこ抜くという荒技も駆使して、一気にメルマガ市場を席巻した。

サイバークリックよりも当社側の取り分が多かった「クリックインカム」は売り上げの40％程が収益となった。

このために僕が作った高速でスケーラビリティのあるメルマガ発行システムは、世界でも例のない大規模メールシステムだったと思う。そして僕一人でシステム作りもメンテナンスもしているような状況だったので、当然ボロ儲けである。

まあ、藤田氏と二人で大川さんに呼び出されてしまったこともあったのだけれど……。

藤田氏とはプライベートでも飲みに行くようになり、会社やネット事業の将来について語り合った。共同で会社も作ったし、スペイン子会社設立の際には現地視察にも出かけた。ちなみに当時の藤田氏はプログラムにもシステムにもほとんど知識がないけれど、野心と行動力に溢れ、ビジネスに鼻がきく男だった。

時代の追い風もあって、サイバーエージェントは創業から2年で上場する。その様子をそばで見ていて、負けず嫌いの僕は間違いなく感化されていた。

上場前の狂乱

藤田氏の紹介で知り合った熊谷正寿氏の会社「インターキュー」（現「GMOインターネット」）の上場記念パーティーに招かれた。

帝国ホテルで開催された派手なパーティーにはイメージキャラクターの木村佳乃まで登場して度肝を抜かれた。

上場するってこういうことなんだろうか？　羨ましいような、とはいえどうでもいいような微妙な気持ちになったような気がする。

所在なげにいつものTシャツ姿で会場を彷徨《さまよ》っていた僕に、紳士然とした男が近づき声をかけてきた。話を聞いてみると、彼はインターキューの新オフィスをデザインした会社の代表だという。

「御社も上場をお考えでしたら、カッコいいオフィスにしましょうよ」

六本木のオフィスは3フロアを占拠していたものの、まだ人は毎月10人単位で増えているし、各フロアの連携が取りにくくなっていることもあって、ワンフロア200平米程の渋谷のビルに移る算段をしているところだった。

渋谷なんて「ビットバレー」そのままじゃないか！　流行に乗っているようで嫌だったのだが、ちょうどいい物件は他になく、そんな抵抗も合理的ではないと思っていた。

第三者割当増資で6億円調達していたこともあり、僕はつい勢いに乗って、その紳士に5000万円もの大金をかけて新オフィスのデザインと家具一式をお願いしてしまったのだ。

今思えば随分と大胆なことをしでかしたと思う。

エントランスは木の床張りにして、会議室の壁は全面ホワイトボード。そしてプログラマー用として高級なアーロンチェアを100脚も用意。いくら座りっぱなしのプログラマーのためにといっても、それだけでとんでもない出費である。

渋谷移転時には会社近くにあった有名クラブを借り切ってパーティーも開いた。藤田氏にお祝いのスピーチをしてもらった記憶がある。

そのパーティーでコンパニオンをしていた当時19歳の元タレントの女の子が仕事を紹介してほしいと言うので、ちょうど秘書が欲しいと思っていた僕は、彼女の採用を即決。

当時の僕は27歳。やっぱりかなり調子に乗っていたのだ。

思えばその頃がITバブルの絶頂期である。

件《くだん》の秘書は経歴とは裏腹に、その後2年間、僕の秘書としてしっかり働いてくれたのだけど。

恋人と会社を作ってはいけない

これから会社を起こそうという人に、なにかアドバイスをと乞われたら、真っ先にこう言いたい。

絶対に恋人と一緒に会社を作ってはいけない。

恋人としての関係は冷め切っていた僕と有馬さんは、普通の男女関係ならば別れ話をするのはそれほど難しいことではなかったと思う。

籍は入れていないし、一緒に暮らしてすらいないのだ。

しかし僕たちは仕事上のパートナーだった。彼女は会社の創業メンバーであるし、彼女の父親は大口出資者だったのだ。

僕が本格的に上場を考えた時、二人の関係はもはやどうにもならないという局面まで来ていた。

僕が社内の違う女の子と付き合いだしたということも彼女の耳に入っていたようで、それがまた彼女を刺激してしまった。

そして彼女を中心にして、古参メンバーの一部が上場に真っ向から反対してきた。ビジネスと恋愛関係が絡み、事態は最悪な方へと流れていった。

「どうして無理してまで上場しなくちゃいけないの?」

「今のままでいいじゃないですか」

異を唱えているのは、気心の知れた昔からの仲間たちだ。丁寧に僕の考えを伝えることができれば理解してもらえるのではないかと思い、出来る限り説得を試みた。

しかし彼らの考えは変わらない。

ある日、社員が青い顔をして僕の席に駆け寄ってきた。

「社長、有馬さんが大変なことになっています!」

その時、僕と彼女はフロアが違っていたので、急いで彼女の席のある階へ様子を見に行く。

するとそこにはもう彼女の姿はなくボコボコになったハードディスクが放置されているだけだった。そのハードディスクには大事なクライアントのデータも入っていたのだが……。

彼女はその勢いのまま会社を辞める。僕たちはその頃、言葉を交わすことすらできない関係になっていた。

そして結局は彼女が辞めるのと前後して10名もの社員が抜けることとなった。

彼らは去り際に様々な言葉を残していった。

「私たちは会社を大きくするつもりなんてなかったのに、堀江社長が勝手に突っ走った」
「お客さんと仲良く仕事ができればいいだけなのに、どうして無理をしないといけないのか」
「創業当時の堀江さんが好きだったのに、人が変わってしまった」

目の前に多くの仕事を抱えている会社としては痛手ではあったけれど、そんな言葉を耳にする度に、彼らのような人たちはいずれ辞めることになったろうからしょうがないと自分に言い聞かせていた。

うちの会社にどうしても必要な人材ではなかったんだ。そう考えることで寂しさを紛らわせるしかなかった。

彼らは会社に仲良しサークルを求めていたのだ。あるいはそれは家族的な繋がりかもしれない。

社長には経営者としてみんなのために尽くす責任がある。

社長が取ってきた仕事を、楽しんでやればいい。

彼らはきっとそんな風に思っていたに違いない。

僕はサークルの長、もしくはお父さん的な役割で、とにかくみんなの幸せを考えることが第一とされている。そんなところで働ける人は、とても居心地がいいだろう。楽しく働いて、給料も沢山もらえるのだから。

会社員ならばみんな少なからずそう思うものなのかもしれないが、僕にはまったく許容できない。

僕は会社の売り上げのためならなんとしてでも仕事を取りに行く。

僕は経営者としての自分を高めるために必死で努力している。

僕は会社を安定的に経営するために会社を大きくしようとしている。

僕はもっと規模が大きくて利益が出る仕事がしたいから会社を上場させる。

それなのに、なにも理解してもらえてなかったのか。

悲しみは憤りになり、やがて諦めへと変わった。

僕が上場の話をしてから大量辞職まで、わずか1カ月の間の騒動だった。

大株主へのシビアな交渉

有馬さんとの人間関係は切れていたけれど、彼女と彼女の父親がオン・ザ・エッヂの大株主である事実は変わらない。有馬さんが20%、そして父親が数%を保有していた。

99年の秋、上場に向けて第三者割当増資を行い、それに加えて宮内氏やDan氏などの役員への割当もしてしまうと、僕の持ち株比率が40%程度に落ち込んでしまっていた。

僕の持ち株比率が50%を下回っていると、誰かに経営権を奪われてしまう危険がある。正直言って僕自身には持ち株比率への拘《こだわ》りはあまりなかった。上場すれば会社はあくまで公器であり、経営者の私物ではないと考えていたからだ。

しかし証券会社はこの状況を許してくれない。

上場後、仮に有馬さんが市場で株を売りまくったら、株価は暴落してしまう。

彼女の持ち株を買い取らなければならない。

しかし直前増資価格は1株300万円。仮に額面の5万円で買い取ることができたとしても税務署は差額分を利益と見なして課税してくるし、そもそも有馬さんが額面の金額での買い取りに応じるはずもない。

仕方なく、有馬さんの持ち株の一部は一旦、僕を経由して大和証券SMBCや光通信のベンチャーキャピタル「光通信キャピタル」が買い取り、残りは僕が有馬さんの父親から借金をして買い取るという方法を採ることとなった。

これが上場後に数々のトラブルのもとになる。

創業時には上場など夢にも思っていなかったので、いわゆる資本対策というものをまったく考えていなかった。しかし、仲違いしてしまった以上、そのまま上場することはできない。

彼女の父親への借金も重い負担となった。

その額2億4000万円である。

安らぎを求めた結婚

とある飲み会で友人に女の子を紹介された。

「仕事を探している」と言うので、「じゃあうちに来たら？」と誘う。

技術者は別としても事務方の社員は、こういう感じでリクルートすることも少なくなかった。明らかに僕の身の周りでは人が足りていなかったのだ。

程なくして社員として入ってきたその子と僕は、いつしか付き合うようになっていた。

上場への準備で多忙を極めていた上に、古参メンバーとのごたごたで僕の精神は相当参っていた。心が休まる場所を欲していたのだと思う。彼女の家庭的な雰囲気に惹かれていった。

そして付き合い出して間もなく、彼女から告げられる。

「子どもができたみたい」

まさか自分が人の親になるとは思っていない。青天の霹靂とはまさに、という感じである。

「子どもができたら結婚するものなんだよ」

そうなのか。僕は結婚することになるのか。

結婚願望はない。そもそも結婚制度というものにまったくメリットを感じていなかったのだ。

しかし、そんなことを口に出して彼女と揉めるのは嫌だ。その頃の僕には、精神的に耐えられそうにもなかった。

流れに身を任せていたら、結婚することになっていた。

妊娠している彼女への負担を考えて、結婚式は延期。

僕たちは世田谷の4LDKの賃貸マンションでごく普通の新婚夫婦として、一緒に暮らし始めた。

温かい家庭というものがどういう家庭を指すのかは今もってよく分からないけど、僕と彼女は夫婦として、それぞれの役割を果たそうとしていたとは思う。少なくともその時の僕はその時間を大事に思っていた。

会食の回数をできるだけ減らして、夜はできるだけ早く家に帰る。外食やコンビニ弁当に慣れ切っていた身体がびっくりするくらい健康的なご飯が僕を待っていた。

彼女は朝食にはご飯と味噌汁、そして納豆を食べるべきという人で、これには納豆が苦手な僕は困ってしまった。匂いだけでも気持ち悪くなるので納豆だけは勘弁して欲しいと訴えたけど、「身体のため」ということでなかなか聞き入れてもらえない。

僕は朝からカレーでもステーキでもいいじゃんという考えの持ち主。朝は納豆という固定観念をどうしても疑ってしまう。しかし夫としての僕は、納豆にほんの少しだけ手を付けて残すというささやかな抵抗を試みるのみだった。

ある日、一緒に家の近所を散歩していた時のこと。

「あ、この家が欲しい！」

彼女が指差したのは1億5000万円ほどの分譲の一軒家だった。

今でもそうなのだが、僕は家を買うことにまったく興味がない。ましてや一軒家なんて、買ったそばから価値が下落すると思っているので、まったく買おうという気持ちにはなれなかった。しかし、彼女にとっては家族はマイホームに住むのが普通なのである。

普通って一体なに？

喉元まで出かかった言葉を飲み込む。彼女は一度言い出したら聞かない性格だ。そこで揉めるとややこしいことになるのは目に見えている。

結局、僕はマイホームとやらを購入し、そこで家族3人で生活することとなった。

上場チーム結成

上場することを決めたのは僕だけれど、顧問税理士である宮内氏に勧められたことも大きかった。

彼は税理士の立場からヤフーなどのネットベンチャーが次々に上場するのを見ていて、オン・ザ・エッヂでも可能なのではないかと思っていたようだ。

「売り上げ規模はそんなに変わらないし、うちもできるんじゃないですか」

その分野に知識も人脈もある宮内氏が言うのならそうなのかもしれない。

彼にCFO（最高財務責任者）に就任してもらい、上場への具体的な準備を進めてもらうことにする。

上場準備チームは宮内氏の税理士としてのコネクションを最大限に使って集められた。

後にライブドア事件で一緒に捕まることになる中村長也氏は、宮内氏の高校の同級生。また起訴された港陽監査法人の前身である神奈川監査法人の代表は、親子三代続く名門会計士一家のお坊ちゃんだ。この彼が、野村、大和、日興などの証券会社の担当者を紹介してくれた。

それでもまだ専任スタッフは少なく、膨大な上場書類の作成を不安に思ったらしい宮内氏は、いつの間にか国際証券の公開引受窓口だった野口英昭氏をスカウトしていた。ライブドア事件の直後に自殺で亡くなった野口氏である。

ある日、突然、宮内氏から「上場担当を引き抜いてきたから会ってほしい」と六本木の居酒屋に呼びだされる。そんな話は初耳だった。

そこには宮内氏と一緒に野口氏が座っていた。

「野口さんがいないと上場の事務処理が追いつかないから」

宮内氏はそう言うが、それが本当かどうか僕には判断がつかない。

しかも引き抜く本人が目の前にいる状況では、いくら僕でもネガティブなことは言いにくい。

またこの時の僕は、古参メンバーがいなくなった直後でプログラムシステム運用の現場に深く関わらなければならない状況だった。もしここで反対して宮内氏が会社を離れるようなことがあったら、財務まで自分で見なくてはならなくなる。それでは上場どころではなくて、会社が回らない。

「分かりました。よろしくお願いします」

こみ上げてくる違和感をグッと呑み込んで、その場ではそう言うしかなかった。

この時、宮内氏は野口氏に会社に来てもらう条件として、僕には内緒で、上場後に投資子会社を設立することを約束していたようだ。

この事が後のライブドア事件に繋がっていくのだから、僕の違和感はちょっとした虫の知らせだったのかもしれない。

ちなみにこの頃、宮内氏が学歴詐称していたことが発覚した。

彼の学歴は横浜国立大学を学費未納のため数日で除籍ということになっていたのだが、実際は入学もしていなかったのだ。

そんな彼でもさすがに有価証券届出書には嘘を書くわけにはいかなかったのだろう。そこには横浜にある某高校卒と記されていた。

後に別の人から聞いたことだが、学費未納のため数日で除籍というのはあり得ないことで、これは学歴詐称でよく使われる手なのだそうだ。

公募価格が決まらない

ナスダックジャパンの設立もあり、市場はあきらかにバブル化していた。

今がピーク。そしてこのピークは長くは続かない。

僕らは上場を急がなくてはならなかった。

オン・ザ・エッヂの決算は2月である。この時点で次の決算となると00年2月。上場基準期をその期とするならば、実際に上場できるのは決算から半年後の00年の夏以降になってしまう。

それではピークを逃すどころか上場できるかすら怪しい。

そこで僕らは奇策を繰り出すこととなった。

決算月の変更である。

次の決算を00年2月から99年の9月に変更。つまり5カ月も早めることによって、上場の最終準備期を7カ月という変則的なものにしたのだ。

ちなみになぜオン・ザ・エッヂが2月決算だったかというと、税理士だった宮内氏から「3月はどの会社も決算で忙しいので、2月決算にしましょう」と言われ、それを鵜呑みにしたままだったからだ。

しかし、この変則7カ月決算という奇策に主幹事証券であった野村證券が難色を示してくる。それでも僕らは上場を急ぎ、主幹事を大和証券ＳＭＢＣに変更するという更なる荒技に出る。僕らの読み通り、市場の雲行きはどんどん怪しくなってくる。

00年の初頭からアメリカでネットバブルの崩壊が始まり、日本でも光通信、ソフトバンクの株価が暴落。また光通信が出資していた銘柄は「光物（ヒカリモノ）」と呼ばれて、優良銘柄の代名詞となっていたのだが、その評価が１８０度変わるような展開になっていた。

2月に光物の代表格「クレイフィッシュ」（現「ｅ－まちタウン」）が東証マザーズに上場した際は、公募価格からほとんど株価が上がらなかった。市場には不穏な空気が漂う。

そんな中、大和証券との間でオン・ザ・エッヂの公募価格を決める会議が進んでいく。

ネットバブル下での公募価格、ひいては企業の時価総額を決める作業は、直近の増資価格や業績の伸び具合に加えて、将来の市場全体の伸びが期待値として織り込まれる。つまり、勢いも大切だということだ。

もちろん法に従い、成長企業のために使われる「ＤＣＦ法」という低価格算定法が適用される。これは将来（一般的には5～7年）の利益合算を現在価値に割り引く手法だ。つまり倍々ゲームで成長する利益計画を作成すれば、たとえ現時点で赤字だとしても大きな時価となる。逆に言うと、ＤＣＦ法を使わない限りは、当時のネットベンチャー株を欲しがる投資家の期待に応じられなかったとも言える。

オン・ザ・エッヂは発行済約1000株の時に1株3000万円で光通信などに第三者割当増資した後、株式を限度いっぱいの12分割にしていた。

この公募価格決定は揉めに揉めた。こちらは少しでも高い値段を付けたい。しかし上場時に一定株数の責任を負うことになる主幹事証券は売れ残りを防ぐために安めに抑えておきたい。僕らは1株600万円で行きたいという希望を出したところ、大和証券の返答は300万円。半額である。当然、交渉は難航する。

ある日、朝9時半頃に出社すると、大和証券の引受部長がエレベーターから顔を真っ赤にして出てくるではないか。

どうやら8時から大和証券とうちの上場チームとで公募価格を決める会議をしていたらしい。すれ違い様その部長は、

「私は堀江さんと話をしていると思ってましたよ」

と捨て台詞のように怒鳴り、出て行ってしまった。

何事かと思い会議室を覗いてみると、宮内氏も顔を真っ赤にしていた。

それくらいこの公募価格決定については紛糾したのである。

結局は我々の要望が通り、600万円に決定した。

この年の3月に、藤田氏の会社サイバーエージェントが東証マザーズに上場。上場企業の社長としては史上最年少（当時）と話題になったものの、初値は公募価格のままだった。

また社内でも僕のコントロールできない事態が起こっていた。

宮内氏は自分が証券会社からリクルートしてきた野口氏とともに、上場後、投資子会社キャピタリスタを設立したいと言ってきた。

「野口氏と約束していたから」

宮内氏はそう主張するが、僕はそんな約束は一つも聞いていない。宮内氏はこんな感じで事後承諾で物事を進めることを得意としていたのだ。

上場して資本を本業に投資せず、他社への投資に充てるのは意味がない。取締役会で設立中止を提案したのだが、最終的には宮内氏の多数派工作に押し切られる形で承認せざるを得なかった。

上場はしたものの

00年4月6日、オン・ザ・エッヂは東証マザーズに上場した。

しかし上場初日に初値は付かないまま、公募価格を25％下回る450万円の売り気配で引ける結果となった。

東証でのセレモニーも、兜倶楽部での記者会見もお寒い感じのまま終わる。

すでにネットバブルは弾けていたのである。

さらに追い打ちをかけるような事実が発覚した。有馬さん所有の株を買い取ると同時に、「光通信キャピタル」へ譲渡していた株式が初日に全株売られていたのだ。

直近の第三者割当増資分の株式は、ロックアップといって上場後も一定期間は売却できない決まりになっているので、光通信やグッドウィル分の株は売られない。しかし、譲渡分は売却可能なのだった。

光通信キャピタルの、というかそれはベンチャーキャピタルのということなのだろうが、冷酷さ、調子の良さには腹が立った。上場前にはあんなに持ち上げてきたくせに、初日にすべて手放すとは。

実のところオン・ザ・エッヂの将来になんてまったく興味もなく、とにかく売却益が出ればそれでよかったのだろう。

僕は自分の甘さを痛感する。

さすがに主幹事である大和証券SMBCへの譲渡分は売られなかったが、僕はこのショックと、有馬さんの父親への借金返済のことで頭がいっぱいである。

4月6日は会社にとって創業以来の記念すべき日となる予定だったのだが、僕は本当にそれどころではなくて、この日のことはあまり記憶にない。

翌日になり、600万円の公募株に対して440万円の初値が付いた。その後、550万円まで値を戻したところで、僕が反対し、宮内氏が強行したキャピタリスタの設立がリリースされた。

株価はまた急降下である。

その時点で売り可能となる株のうち、8割は僕の株である。もちろん売ってはいない。いろいろと調べたところ、有馬さんの父親が日興経由で売り浴びせているらしい。

確かに有馬さんとの関係が切れている今、父親も僕の会社の株を継続保有している理由はない。しかし売却を止めてもらわなければ、株価崩壊は止められないという状況だ。

そこで宮内氏とその部下である中村氏が有馬さんの父親との交渉役となって、株売却を中止して欲しいという申し入れと、僕が借りていたお金の繰り延べのお願いをした。僕は有馬さんとの確執があったので、出て行かない方がビジネスとして話が進むのではないかと思ったのだ。

この交渉を任せっきりにしてしまったので、僕はこの辺りの詳しい話を今も知らないままだ。結局、父親は株売却中止のお願いは聞き入れてくれず市場で全株を売り抜けた。借金の繰り延べ交渉には成功したが、当初2億4000万円という額が、4億円まで膨れ上がっていた。

この増額に関しては今もなぜそうなったのかよく分からないままだ。当時は額が大きすぎて感覚が麻痺していたのもあるし、訴訟でも起こされたらそれこそ大変なので、要求を呑むしかあるまいと観念していたのだ。

僕はこの交渉をすべて宮内氏らに任せてしまったことで、彼に大きな弱みを握られたような形になってしまった。それが後のライブドア事件の遠因になるとは思いもよらずに。

経営者は針のむしろ

03年までオン・ザ・エッヂの株は公募価格を上回ることがなかった。それどころか時価総額は100億円を割り込み、さらにその半分をうかがう勢いだった。

株価下落の勢いを示す言葉で「半値、八掛け、二割引」という業界用語があるのだが、まさにその通り。

しかも上場後最初の決算が赤字になってしまい、経営者の僕は針のむしろである。

上場したら莫大な創業者利益を手に入れることになる。もちろん会社としての上場の目的は別にあるけれど、僕個人としては当然そうなるのだろうと予想していた。

しかし現実はまったく違っていた。

株価は下落しているので、僕の持ち株をさらに市場に放り投げるわけにはいかない。つまり僕は株を売ることができない。

有馬さんの父親への借金返済は、「冷やし玉」という高騰した株価を落ち着かせるために持ち株の一部を放出する行為によって調達する予定だった。しかしわざわざそんなことをしなくても冷えきっている状態なのである。

借金返済の目処も立たない。

僕の状況は世間一般が持つ上場企業社長のリッチなイメージとは正反対のものだった。

赤字会社の社長は率先して経費削減に取り組まなければならず、交際費はゼロ、役員報酬も上げられない。

私生活では、結婚して子どももでき、支出は増えていく一方である。

ATMから現金を引き出したら、残高不足で自動的にカードローン通帳が送られてくるような有様だった。

世界一の会社にしてやる

いい加減落ち込むことにも飽き始めていたある日、僕は決心した。

「『オン・ザ・エッヂ』を世界一大きい会社にしよう」

それを目標に経営を続けていこう。

上場すればすべてが上手く行くと思っていたわけでは決してないけれど、ネットバブルの崩壊は思った以上に会社に打撃を与えた。個人的にも億単位の借金を抱えている。

しかし、ここで立ち止まることは許されない。立ち止まることは流れの速いビジネスの世界では即ち敗北を意味する。

前に進むしかない。さらに利益を生む構造を作り上げることが、会社を成長させ、株価を上げるための唯一の方法である。

僕は、そして会社は新しくて分かりやすい目標を必要としていた。身の程知らずと馬鹿にされようが、僕は本気で世界一を目指すと覚悟した。

そのためには国内でのインターネット事業だけに囚われてはいけない。ネットバブルが弾けてからの消費者向けインターネットサービスはどの会社も青息吐息の状態。最大手のヤフーですら本業の業績は不振であった。

また僕らのような上場できた会社はまだマシな方で、ベンチャーキャピタルから投資を受けていた非上場のＩＴ企業は次々と手持ちの資金を使い切ってしまい、廃業や身売りを余儀なくされていた。

オン・ザ・エッヂが上場時に調達した資金は、まだ半分近くが未使用のまま残っている。

「活用しないならば株主に還元しろ」

このままではそんな声も上がってくるはずだ。

世界一大きな会社へ向けての方針は二つ。

一つは世界中のネットビジネスの覇権を奪うこと。

日本国内はネットバブル崩壊とはいっても、海外に目を向ければこれから急激にインターネットが普及する国は沢山ある。いや、ほとんどの国がそうだと言っていい。それらの国にオン・ザ・エッヂが日本でのノウハウを持って先回りすることができれば、きっと主導権を持ってビジネスを展開できるはずだ。

今のうちに世界の主要都市に拠点を作ろう。できるだけ早い方がいい。

そしてもう一つは、M&Aで様々な会社を傘下に収めること。

もともと多額の資本を必要としないIT企業は、M&Aをしないのなら上場している意味がないとも言える。自社サービスの強化だけでは市場から調達した資金の使い道がそれほどないのである。

設立時には反対したものの、キャピタリスタがその役割を担ってくれる。

ITベンチャー冬の時代で有望なサービスを提供している会社も、今は割安な値段で買えるタイミングだ。海外にも目を向ければ、そういう会社は沢山あるに違いない。

こんな極東の島国で、会社を一つ上場させたからといってなんになるんだ。

僕はもっと面白い仕事に出会いたい。世の中を変える仕事を成し遂げたい。そのためにはもっともっと会社を大きくしなければならない。

上場前後から、古参メンバーの離脱や株価低迷、赤字決算、借金という目先の問題に心を囚われていた僕は、ようやく経営者としてのまともな意思を取り戻すことができた。

初の海外子会社

海外初の子会社は実は上場前の98年にスペインに設立していた。

当時、スペイン在住の商社マンだったK氏が、サイバーエージェントとの協業であったサイバークリックのシステムを見て、スペインで子会社をやらせて欲しいと言ってきたのだ。

スペインといえば、大学時代の第二外国語はスペイン語だったので簡単な日常会話くらいだったら話せるはず。だからというわけではもちろんないが、資本金のほとんどをオン・ザ・エッヂが出し、サイバーエージェントはマイナー出資という形で「Cyberclick Agent S.L.」を設立した。

会社の登記の関係などから、僕と藤田氏はともにスペインはバルセロナに渡る。

実はこれが人生二度目の海外渡航だった僕は、バルセロナオリンピック以来の活気が続いている街中で、ビールをレモンジュースで割ったカクテル「クララ」とハモンセラーノ（生ハム）を思う存分頂き、スペイン最高！　という気分で出張を楽しんだ。

日程にも余裕があったので、ランブラス通りなどの観光スポットや地中海に面したヌーディストビーチを訪れたりもした。

余談だがこの時、僕と藤田氏は別々に入国していて、帰りだけは一緒になる予定だった。バルセロナの空港でチェックインした時、判明したのだが、なんと藤田氏はスペインまでビジネスクラスに乗ってやってきていたのだ。

経費削減ばかり考えていた僕にはそんな発想は皆無だったのである。

「え？　堀江さんエコノミーで来てたんですか？」

あの言葉はいまだに忘れられない。

初の海外子会社は無事に設立できたものの、事業自体はなかなかに厳しいものだった。長らく赤字を続け、社長がK氏からスペイン人に代わりようやくなんとかビジネスとして形を成したのは、しばらく経ってからだった。

ドイツ支社設立、しかし……

「世界主要都市に拠点を作る」

上場後に立てたプランはすぐに実行に移された。

まずは世界を一周して視察しよう。

アメリカ西海岸のシリコンバレー、カリフォルニア工科大学。次いで東海岸のニューヨーク。海を渡ってイギリスはロンドン、既に子会社のあるスペイン・バルセロナ、日本人居住者が多いドイツのデュッセルドルフ。

ＩＴビジネスの最先端を肌で感じ、各国のネット事情とビジネスの可能性を探る旅はその収穫もさることながら、旅自体も充実したもので、僕の感性を大いに刺激してくれた。

ビジネスとして最初に着手しようとしたのはデュッセルドルフ。この地を選んだのは人口60万人のうち実に１％が日本人で、日本人街まであるという街だったからだ。最初の顧客は日本企業の方が営業しやすいと思ったからに他ならない。

しかしその後、英語が堪能な社員が入ってきたので、なにも地方都市を狙わなくてもよかろうという判断になり、首都ベルリンに本社を置く方針に変わった。

事前にドイツ大使館で認証手続きを済ませて渡独し、現地銀行で口座を開設。旧東ベルリンにある新興企業向けのオフィスを契約した。今でいうシェアオフィスのようなところ。日本人の妻を持つドイツ人弁護士とも契約し、社員２名を駐在させることにしたが、日本からするとやはりドイツはいろいろと勝手が違うことが多い。

首都ベルリンでは例外があるとしても、日曜日は駅のキオスク以外ほとんどの店が閉まっている。深夜営業も禁止だ。人口もいくつかの都市に程よく分散している。なかなか東京でのビジネス展開と同じようにはいかない。

設立自体は順調だった「Livin' on the EDGE Europe GmbH（Germany）」だが、結果的にはバイトとしてドイツ人を２名雇っただけで、２年後には撤退することとなる。

駐在の日本人２名の営業力不足が原因だった。

この2名のうち1名はその後「Livedoor Interactive Thailand」の社長になる。

大連にオフショア開発拠点設立

ヨーロッパ進出と時を同じくして、僕らはもちろんアジアにも目を付けていた。アジアの中心は中国であろう。

なぜか宮内氏の伝手で日本語が達者な中国人ビジネスマンを紹介してもらい、大連にオフショアの開発拠点を作ることになる。

大連理工大学の教授と連携し、優秀な学生を紹介してもらうルートもできたし、総経理（日本でいう社長）にはその中国人ビジネスマンの弟で大連でいくつかの日系企業を経営している人物が就任した。

「英極軟件開発有限公司」（エッヂチャイナ大連）。

副総経理は宮内氏とDan Kogai氏。こちらも総力を挙げて臨んだということだ。

所在地は大連市旅順区。日露戦争で有名な２０３高地があるところのすぐそばだ。そこに工業団地のような大連テクノパークが作られ、誘致された企業は賃料や税が優遇された。

無駄に広いビルのワンフロアを独占していたが、ネットはＴ１回線（１・５Ｍｂｐｓ）のみ。おまけにトイレは中国式。電車が市内から通じる予定だったが、それは未だ建設中であった。社員のための寮としてアパートを借り、そこからマイクロバスで送迎していた。オフショア開発のために作られた中国子会社だったが、日本でのネットバブルは弾けたままだったので、開発のニーズは増えない。

中国人のスキルもなかなかに上がらず、当初の業績は低迷していた。その状況が好転するには04年まで時を待たなくてはならない。キャピタリスタから名前を変えた「ライブドアファイナンス」が始めた「ライブドアFX」のシステム開発を手がけるようになってからのことである。

アジアでは中国の他に、急成長を遂げていたタイにも「Livedoor Interactive Thiland」を設立する。

00年代の初頭に作ったこれらの海外子会社は、どれもなかなか厳しい滑り出しであった。現地駐在員の営業力や、社員の技術力という問題は確かにあったのだが、結局ネットの普及には常時接続の格安回線が必要であり、00年前後では世界中のどこを見渡しても、そんなインフラは存在しなかったのだ。

もちろんそれが近い将来普及することを見越しての進出だったわけだが、タイミングとしてはほんの少しだけ早かったのだろう。

離婚——価値観の違いは時間では埋まらない

文字通り世界を股にかける勢いで働いていた僕であるが、私生活は上手くいっていなかった。99年に、精神的安定を求めた末に結婚することになったわけだが、そこから始まった生活は、なかなか安定とは遠いものだった。

世田谷の瀟洒《しょうしゃ》な住宅街にマイホームを構えた若い夫婦。子どもにも恵まれ、周囲からは申し分のない幸せな一家と見えていたのかもしれない。

もちろん疲れている時に妻があれこれと生活の世話をしてくれるのはありがたかったし、子どもの笑顔はこんな僕でもかわいいと思わざるを得ない素晴らしいものだ。

しかし、僕たち夫婦は生活のいたるところで衝突することになった。

まず問題になったのは僕の家や子育てへの関わり方だ。

平日はもちろん目まぐるしく働いているから家のことはなにもできない。会食も多く、帰りは深夜という日もざらである。

その分、妻からは週末は子育てにフルコミットすることが求められた。僕がどうしても外せない案件で出かけようものなら、途端に非難を向けられる。

「私はこれだけ大変な子育てをしてるのに、なんであなたはそれを一緒に分かち合おうとしないの」

冷静に話し合えるのであれば、分かり合うこともできたのかもしれないが、妻は怒るとヒステリックになって、時には僕に殴り掛かってきた。

僕は僕でそういう感情をむき出しにした人を相手にするのは得意ではないので、一度揉め出すと事態が鎮静化されるまでに長い時間を要した。

丸一日口をきかないことで、僕への反感をアピールする妻。仮に仕事は休めたとしても、その妻の前ではまったく気が休まらなかった。

またお金に関しても、一昔前の多くの家庭がそうであったように、家にいる妻が管理すべきという考えを持っていた。

「あなたの通帳、預かった方がいいと思うの」

僕も個人的な貯金は得意な方ではなかったが（というかその必要をまったく感じていない）、僕が持っているお金は、ごく普通の主婦が扱えるような額ではない。それはさすがに無理だと断ると、なぜ家族を信用できないのか、という話に飛躍してしまう。

妻は家や家族を第一に考える保守的な人で、そこは僕にはまったくない感覚だった。僕は仕事を優先するのが当たり前だと思っていた。

もうそれは育ち方の違いというしかない。なにせ僕の両親は一度も授業参観に来たことがないのだから。この考えの違いから生じた溝は、時間とともにやがて埋まるものとも思えなかった。

仕事のストレスから抜け出すために求めた場所が、さらなるストレスを感じる場所へと変わってしまったことに戸惑う。

延期していた結婚式は、彼女に言われるがままの形で、結婚から2年後に軽井沢のホテルで挙げた。

しかしその3カ月後、僕らは離婚した。

僕がもう精神的に耐えられなくなっていた。そしてその頃、別に気になる女性が現れたということもある。

結婚してから、妻公認の風俗以外では一切遊んでいなかった僕に、久々に自由な気持ちを思い出させてくれた女性。その女性と話していたら、急に僕はなぜ自分が結婚しているのか分からなくなった。

僕は29歳。世間的にはまだまだ若者だ。同世代の経営者たちは、夜毎合コンにクラブ通いにと遊び回っている。

僕ももう一度自由になりたい。

僕は気になっていた女性と突然海外旅行に行くことを決め、その直前に一方的に離婚を切り出した。

酒場で紛らわせた孤独

「お子さんとは会わないんですか？」

多くの人にそう聞かれる。

「いや、会いませんよ。だって会う必要はありますか？」

僕はそう答えるようにしている。正直ちょっと腹を立てながら。

子どもに会いたいかどうか。僕の胸の深くに問うたとしたら、もちろん「会いたい」にはなるだろう。しかし僕は自分のためにも、そして元妻や子どものためにも会わないと決めた。考えた末に、会ってもお互いにいいことはないという結論に至ったからだ。親と子だから必ず会わなくてはならないということでもないはずだ。

だから会いたいという気持ちが浮かんでこないように意図的に排除している。そこに意識の焦点を向けなければいいだけの話だ。

離婚して1年ほどは荒んだ生活を送った。

毎晩のようにバーに通い、お酒で感情を紛らわせた。

気になっていた女性との関係はうまくいかなかったし、その後もこれといった恋愛対象もすぐには現れず、なんとなくいい感じになった女の子を家に連れ帰ってセックスしたりもした。

とても褒められたものではない。

不摂生が続いて体調もあまりよくなかったけれど、家に帰って一人きりになるのが嫌で、無理を押してでも飲みにでかけた。意外に思われるかもしれないが、僕はものすごく寂しがりやだ。孤独というものが大嫌いである。

誰かと一緒にいるのは楽しい。合コンはやっぱり大好きだ。みんなと飲んだ後に、一人でいつものバーに寄る時間も最高に自由を感じられた。

1年もそんな日々を繰り返した頃、久しぶりに彼女と呼べる人ができた。

そしてようやく僕の荒んだ生活は終わった。

第七章　M&Aという選択

短期間で成長する唯一の方法

システムの開発やメンテナンスは社員に任せ、ようやく経営者としての仕事に専念できるようになった僕は、投資やM&Aで会社を大きくしていくことに本腰を入れ始めた。

もちろんそれはオン・ザ・エッヂを短期間で世界一の会社にするためである。

取締役会で宮内氏の多数派工作によって、半ば無理矢理設立された投資子会社キャピタリスタ。外部からファンドを集める予定だったがネットバブル崩壊で全然上手くいかず、結局本体のオン・ザ・エッヂがそのほとんどを出資する有様だった。

当初はキャピタリスタに対してネガティブな気持ちを抱いていた僕だったが、株式売買に関する様々な仕組みを勉強し、投資や買収先の候補を物色しているうちに、これが非常に現実的かつ効率的なビジネスであるとの認識を強くしていた。

日本では現在でもまだ、M&Aという言葉にどこか拒否反応を示すような空気があるように思う。ここで僕が改めて言うのも馬鹿らしいくらい、それは単なる偏見である。

世界的に見れば、資本主義社会にとってM&Aは当たり前、いや不可欠な経営行為なのだ。ビジネスにとって最も重要なこと、それはスピード。新しい事業を起こそうとした時、時間がかかってしまえばどんどん競争相手は増え、コストは嵩み、失敗のリスクは雪だるま式に増えていく。

それならば、その分野で既に知識や経験を積んでいる会社を買収し、一緒になってその分野に乗り込んでいくというのが一番簡単な理屈だ。

もちろん、その会社を買って、傘下に収めただけですべてが上手くいくなんてことはない。大事なのはそこからで、いかに生産性の高い組織に生まれ変わらせるかが問題なのだ。なんて当たり前すぎることをこの本でも書いておかなければいけないかなと思うほど、日本人は株や投資、買収についてあまりにも知識がなさすぎると思う。

さて、インターネット事業を中心とする僕らの会社がどんな会社を買収していったのか。

最初は国内の小さなレンタルサーバー会社や、マンション向けの光ファイバー回線会社など、もともとの本業である法人向けインターネットサービスに直結する企業を買収していた。

しかし上場によって調達した資金をさらに有効利用し、短期間で大きな収益を上げる会社に成長していくためには、買収先も無理目を狙っていかなければならない。

幸い市場にはネットバブル崩壊により、上場している会社でも思いの外お買い得といえる物件が転がっていたのだ。

極東の蟻、巨象に挑む

キャピタリスタにとって最初のビッグディールとなったのは、「PSI Net」の日本法人だった。米国資本のこの会社は当時、「東京インターネット」「リムネット」「TWICS」といった日本国内で多くの会員を抱えるプロバイダーを傘下に収めていた。データセンター事業で伸び悩んでいたオン・ザ・エッヂが沢山の顧客を抱えるこの PSI Net を買収できることは大きい。主幹事証券を通じて買収の意思表示をすると、競合が2社あるという。名前は明かしてはもらえない。

僕らはデューデリジェンスのために、虎ノ門にある高級レンタルオフィスの膨大な資料が積んである部屋に案内された。

デューデリジェンスとは、投資対象の実体やリスクを正確に把握するための事前調査のこと。投資家側の弁護士、会計士、経営者が参加し、この作業を通して買収価格を算定するのである。用意された多くの資料はもちろんすべて英語で、読み解くだけでも一苦労だ。数字はスムーズに読み込めたとしても、まずは各項目の英単語の日本語訳から始める感じである。

「デプレシエーションとアモチゼーションの違いってなに?」

なんとも先が思いやられる感じであった。

PSIはアメリカ最大規模のインターネットサービスプロバイダーで、日米海底ケーブルも所有しており、国際的なインターネットの基幹網の一翼を担っていた。しかし経営状態が悪化し、日本における民事再生法であるチャプター11を申請していて、事実上の倒産状態にあった。チャプター11とは債務の一部を肩代わりすることで、残りの債務免除を受け、事業を引き継ぐものである。比較的規模が大きく、事業が今後も継続する可能性が高い企業に適用される。

PSIのアメリカ事業は特に傷みが激しく、引き継いでも赤字が垂れ流しになる公算が高い。僕らが欲しかったのは日本事業である。この買収が成功すれば、会社の売上高は倍増、利益率も大きく改善される見込みがある。

本格的なデューデリジェンスに進むことを許された僕らは、経営陣へのヒアリングや設備の実査など、事業そのものの調査を行うことになった。

JR大崎駅前の高層ビルにあるオフィスで社長ヒアリングをしたのは僕と宮内氏。僕はデータセンターの実査にも同行する。

「コストカットは簡単そうだな」

会議室のガラス仕切りが、ボタン一つで磨りガラスに変わる設備などを見ただけでそう思う。なぜに外資系のネットベンチャーはこれだけ贅沢にお金が使えるのか不思議で仕方がない。

デューデリジェンスを終えた僕らはビット（入札）する段階へと入った。この金額次第で次のステップに進めるかどうかが決まる。

僕らが用意できる資金はざっと計算して最大25億円。当時のレートで2000万ドルちょっとである。上場によって60億円調達していたが、手数料で証券会社に5億抜かれ、キャピタリスタのベンチャーキャピタル事業に15億、運転資金に余裕をもって10億、その他の投資などに5億を割り振る計算である。

正直、PSIの買収は僕らの手持ちの現金ではギリギリだと思っていた。

ネットバブル崩壊直後の上場間もないベンチャー企業（しかも直前の決算は赤字）では銀行からの資金借り入れは簡単ではない。そもそも銀行は企業買収には介入したがらない傾向がある。

社内でも議論を重ねた上でビット。正直どうなるかは分からない。PSIは喉から手が出るほど欲しいけれど、ない袖は振れないので、ダメならダメでしょうがないと思うしかない。

結果、僕らは最終ステージに進める2社のうちの一つに決まった。

そしてここでいよいよ、もう1社の名前が明かされる。

相手となるのは、イギリス通信最大手「C&W（ケーブル&ワイヤレス）」社であった。

まさに巨象との闘い。資金的にはどう考えても不利と言わざるを得ない。

ニューヨークでのビット合戦

冬のニューヨーク。僕らに用意されていたのは、とあるホテルのスイートルームだった。

ここがPSI買収の最終ステージとなる。

極東の一ベンチャー企業にすぎない僕らから見たら、C&Wは確かに巨大な存在だ。資本的には象と蟻くらいの差があると言っていい。

しかしそこは向こうもビジネスである。いくら資金力があろうと損をするような投資はするはずがない。つまり買収後の事業シナジーなどを総合的に考えて、どれだけ利益を上げられそうかという計算のもと、ビットの上限を決めてくるはずだ。

彼らのような古い大手企業はなにをするにしても図体がでかい分、お金がかかる。投資に対する利益のパーセンテージは低くならざるを得ない。その点、僕らは身軽であり、インターネットという新しいインフラに特化しているので、シナジー効果は高い。

蟻と象ほどの違いがあれども勝てない勝負ではないと考えて、ここニューヨークにやってきた。

ビットが始まる。

最初はご挨拶のような小さい幅での応酬。こちらの上限は2000万ドル＋αと決まっているので、いきなり上げられたら即ゲームセットだ。少し安心する。

そして数時間が経過。なかなか勝負が決まらない。どうやら先方も予算が限られている様子だ。

「よし、行こう！」

ここは流れを変えるために勝負する時だ。

向こうから見たら、日本の小さな事業買収かもしれないが、こっちは社運を賭けた一世一代の勝負。こうなると気合いの問題である。

僕らは一気に200万ドルほどビット額を引き上げた。

C&Wチームの部屋から、ざわめきが聞こえる。どうやら相当慌てているらしい。

しばらくすると僕らの担当をしている弁護士が耳打ちしてきた。

「担当役員の決済額を超えたらしい」

勝負の一撃が巨象の顔面を捉えたのだ。流れはこっちに来ている。

本社の役員会に諮らなければならなくなったということで、一時休戦。続きは翌日に持ち越されることとなった。

彼らの想定する、利益が出る額を超えたということだ。

僕らの方は充分利益を確保できる額でビットしている。とはいえ、もはや提示できる金額ギリギリまできていて、急遽日本から預金残高の証明書を送ってもらわねばならないほどではあった。

買収できる可能性は高い。しかし買えたら買えたで資金繰りは厳しくなる。僕は夜寝る前も買収後のシミュレーションを頭の中で繰り返した。

そして朝になり、再びオークションが始まる。

相手は赤字覚悟で更に上積みしてくるのだろうか？　それとも大人っぽくスマートに引き下がるのか？

C＆Wは応戦してきた。

淡い期待は打ち砕かれ、今度はこちらが窮地に立たされる。

正直なところもう余裕がない。社長権限で、なんとかあと1億円の積み増しがやっとだ。

先方も極東の島国の20代社長が立ち上げた一介のベンチャー企業に負けるのがよほど気に障ったのだろう。勝負から降りる気配はない。

プライドを賭けた闘いとなれば、資金力の低い我々には分がない。

結果、あっさりと負けてしまった。

終了後、C＆Wの担当部長と握手して健闘を称え合う。

「やっぱり負けたか。勝てそうだったのになあ……」

様々な思いが頭をよぎった。

初の海外遠征をしてのM＆A合戦はこうして幕を閉じた。

負けたことは確かに悔しい。でもまた別のM＆Aで勝てばいい。

命が取られたわけではないし、金銭的痛手もほとんどないのだ。

華僑のしたたかさにやられる

ＰＳＩを巡るＭ＆Ａ合戦で僕らは強力なノウハウを手に入れた。これは今後、世界を舞台に闘っていく上で、間違いなく武器になる。

ネットバブル崩壊の余波が依然として世界中を覆っている。まだまだ優良物件は見つかるはずだ。

僕らが次なるターゲットに選んだのは、米NASDAQ市場に上場していたシンガポール第二のインターネットプロバイダー「Pacific Internet」（PACNET）である。

「PACNET」は株式の半分以上をシンガポールの公社が保有している。下水道などのインフラを運営する企業らしい。

僕らは証券会社を通じて買収を打診する。

ＰＳＩで経験を積んだ僕らは、外資だろうがなんだろうが気後れすることはない。

早々に先方と連絡が取れた。

「そちらに売却して投資を回収することも検討する」

前向きな返答である。

早速会いに行き、ＬＯＩ（Letter of Intent ＝買収の意思を示す書類）を渡すところまでトントン拍子に話が進んだ。

PACNETの社長と親会社の社長が僕らをシンガポールのチャイナクラブ（高級会員制クラブ）での会食に誘ってくれた。

親会社の社長は50代くらいの女性。日本では未だに公営企業の社長が女性というのは珍しいが、さすがに実力主義の国である。

その後、デューデリジェンスをして買収金額や条件のオファーをするところまで進み、今度は来日した彼らを日本の高級懐石で接待。六本木の着せ替え衣装が充実しているカラオケボックスで深夜まで歌いまくるというサービスも気に入ってもらえたようで、最終段階まで進んだという手応えを得た。

今度はPSIの時のようなライバルもいない。行ける。

続いてはシンガポールでの事業継承の打ち合わせ。

滞りなく進んで、これは大丈夫だと安心していたその日、米NASDAQの株価チャートを見て驚いた。

PACNETの株価が高騰を始めていたのである。

「え？　なんで？」

どこかで僕らが買収しようとしている情報が漏れたのだろうか。

それにしても僕らは買収に当たって大きなプレミアを付けるという約束はしていない。「3

カ月または1カ月の株価の加重平均を取って」という極めてオーソドックスな株価算定方式によって価格を決めようとしているのだ。

株価をつり上げたところで単に買収が不可能になるだけの話である。

結局どこからどのような情報が漏れたのかも判明せず、先方との話し合いの結果、僕らはしぶしぶ買収をいったん棚上げすることになった。

それから1カ月ほど経った頃、またまた驚くべきニュースが飛び込んできた。

あの女性社長の水道公社が持っていたPACNETの株式が、市場で大量売却されたらしい。

「マジで！　やられたー」

つまり僕らは株価をつり上げるための体のよい「当て馬」にされたようなもの。彼女たちは僕らに売るよりも高い値段で株式を市場で売り、キャピタルゲインを得たのである。

華僑たちの図太さというか、利益のためなら米国の市場でも日本企業でも、なんでも利用してやるという執念を感じた瞬間である。

シンガポールというのは、このようなことを国家ぐるみで行っているのだ。

その後、「GIC」（シンガポール政府投資公社）や「テマセク」（政府所有の投資会社で件の下水道公社の親会社）などの国家ファンドにIRに行く度に、彼らのビジネスセンスと情報分析力に驚くのである。

世界はなかなかに厳しいと僕らM&Aチームは思わざるを得なかった。

海外M&Aの戦績

00年代初頭の海外企業買収戦略はなかなか思い通りにはいかなかったが、それでも何度も挑戦し続けることで、03年頃から徐々に成果が現れ始める。

米国での初の買収は「MailCreations」（メールクリエイションズ）というフロリダ州マイアミに本拠を構える会社で、元々はスペインの子会社の紹介である。

主にスペイン語を話すヒスパニック系外国人向けのメール、ドメインサービスを手掛けていた、年商100万〜200万ドル程度の小さな会社だが、その後「ClickDialio」（クリックディアリオ）というグアテマラに本社を置く、南米にネット関連サービスを広く展開する会社の買収へと繋がった。

同社はスペイン語で有用なドメインネームの主要なところを全て押さえており、ライブドア事件後はメディア王のルパート・マードック氏率いる「ニューズコーポレーション」の傘下に移った。

そのニューズ社とは「Myspace.com」の入札で競ったことがある。

ちなみにこちらの1億ドル程度の入札に対し、ニューズ社は約6億ドル。まったく勝負にならなかったのであるが……。

また「バリュークリックジャパン」（後の「ライブドアマーケティング」）の買収も、海外挑戦の場数の賜物であった。

クリック数保証型ネット広告システムのパイオニアである米バリュークリック社の子会社であるこの会社は、株式の50％超を親会社が握ったまま上場していた。つまり、親会社がＯＫすれば日本の事業は買収できるはずである。

実は「バリュークリックジャパン」の広告の大半は元々サイバーエージェントが売っていたが、サイバーエージェントが我が社と共にサイバークリックを展開したことで、既に業績は低迷していた。

ニュージーランド人社長、ジョナサン・ヘンドリックセンは経営意欲を失っていて、こちらの説得が終わるとすんなり自分の持ち株の売却に応じた。

その後、西海岸にある瀟洒な会長の邸宅を訪れた僕らは、買収の合意に辿り着いたのであった。

会長宅のすぐ前には人工のクリークが流れ、自家用ヨットが係留されていた。彼もまた経営の一線からは退き、優雅な生活を楽しんでいるようだった。

「バリュークリックジャパン」の買収は初めての上場企業の買収だったため、友好的ＴＯＢの形が取られた。大きな成果であったが、後のライブドア事件の引き金を引いたのもこの買収であった。

ワーホリで海外から人材獲得

海外展開と言えば人材確保の面でも、海外からの受け入れに力を入れていた。

ITバブルを経たとは言っても、Web周りのプログラミングができる人材はまったくと言っていいほど育っていなかった。

スキルを持ったプログラマーを一から育てるには時間もお金もかかるし、なにより生まれての小さなIT企業に入社してくれる人材は少ない。

多くの人は有名になったライブドアのことしか知らないので全くイメージできないかもしれないが、超マイナーな中小企業だった期間の方がずっとずっと長いのだ。

そんな中で一つのアイディアが生まれる。ワーキングホリデー制度を活用して人材を集めるというものだ。

ワーキングホリデーといえば、オーストラリアやニュージーランドが日本人の行き先の定番だ。しかし、僕らが注目したのは、その逆。日本へのワーホリである。

ワーホリなら労働ビザがなくても長期間日本で働ける。日本人と違って中小企業だからと敬遠することもないだろう。きっと優秀な人材を確保できるに違いない。

オセアニア系のワーホリ募集の窓口を探してコンタクトを取り、後にCTO（最高技術責任者）になる宮川君が英語に堪能だったので、彼をリクルート役として現地に派遣した。

その結果、かなり即戦力となる数名のプログラマーが日本行きをＯＫしてくれたのだ。こちらは受注したＷｅｂサイトの制作が追いつかなくなっているような状況だったので、この計画は大成功だと満足していたのだが……。

なんと、こんなところにも日本政府のバカな規制が存在していたのだ。

ある一定の学歴か実務経験を有さないとワーホリは認められないというではないか。

「そんなわけねえだろうが！」

00年前後にＷｅｂの世界でプログラマーをやっている奴なんて、メインストリームからはドロップアウトした、僕のような人間がほとんどだ。

僕も、Dan Kogai 氏も、そして宮川君も大学中退である。

実務経験が必要と言うが、この業界自体ができたばかりである。

即戦力となり得るレベルのプログラマーにしたって、自宅でプログラミングを独学で覚えたという人が普通なのである。その状況は日本だけでなく、世界的にも同じことだ。

結局、我々が目をつけた候補者数人のうち、たったの３名しか日本に呼ぶことができなくなってしまった。

役所の融通の利かなさには本当に呆れるばかりだ。

移民制限というのは国内の労働者にしわ寄せが来ないためにやっているのだろうが、肝心の国内の人々は当時のＷｅｂ業界の中小企業には見向きもしない。いわゆる「雇用のミスマッチ」である。

中小企業は、なんとか潰れないために、色々なアイディアを絞り出して勝負するしかないというのに、そんな所に変な規制をかけられると本当に腹が立ってくる。

僕はこの一件で、本気で政治というものを考え始めた。

ちなみに今や我々がワーホリで求めていたような人材は世界中にいっぱいいる。そしてネット上のアウトソーシングサイトを使えば、彼らに簡単に仕事を外注できる。在宅のまま、かつ個人的に。

たったの10年あまりで理想の世の中になったのである。

政府のクソ規制などまったく役立たず。

技術は世界を変えるのだ！

社名変更という当然の選択

「オン・ザ・エッヂってどういう会社ですか？」

こんな質問を何度されたことだろう。

上場はしているものの、ＩＴ業界を除いて会社の知名度はなかなか上がらなかった。

知名度の低さはビジネスの様々な場面でマイナス要因となる。

インターネット事業において、ユーザーや法人顧客の獲得に知名度は欠かせない。知らない会社のサービスは、信用できないサービスと思われることも多い。有名な方が安心という人間の心理はどうすることもできない。

株価にしてもそうだ。知名度の低い会社の株価は上がりにくい。

なぜなら知らない会社の株を買ってくれるという人はなかなかいないからだ。名前だけで実が伴っていなければ意味はないとしても、名前が知られていなければ多くの場合、検討すらしてもらえない。

人材獲得においても不利というのは、さっきワーホリのところで書いた通り。名の知れた会社であれば就職したいというのは、僕からするとただの馬鹿としか思えないが、これもまたどうしようもない話だ。

創業から上場を経てもなお、知名度不足に悩まされていたオン・ザ・エッヂ。僕は会社名を変えることでなんとかそれを改善できないものかと考えていた。

まずこのオン・ザ・エッヂ、間違われることが頻繁にあった。「・」を抜かされたり、「エッヂ」を「エッジ」と書かれたり。

それならいっそシンプルな方が分かりやすいし、覚えやすくていいだろうと、03年4月に「エッジ株式会社」に社名変更したのだ。7年間使ったオン・ザ・エッヂとはあっさりさようなら。

だが翌年の2月になって、再び社名変更。「ライブドア」へと変わった。

理由は単純明快である。

02年にオン・ザ・エッヂが買収していた無料インターネットプロバイダーのライブドアは、きわめて知名度が高い会社だった。ある調査ではインターネットに接続したことのある人の約半数が、ライブドアという社名を知っているという結果が出ていた。

ライブドアは買収される前、約60億円もの莫大な広告費をかけ、テレビCMを流したり、青山のビルの壁面やお台場の大観覧車に巨大な広告を打っていた。これだけのお金をかけて作り上げた知名度を利用しない手はない。

オン・ザ・エッヂに営業譲渡されて会社は消滅したものの、ブランドイメージはまだ消えていない。忘れられないうちにもう一度プロモーションすれば、そのイメージをそのまま引き継げるはずだ。

そしてオン・ザ・エッヂの事業をすべてこのライブドアブランドに統一していけば、短期間で世の中に認知される存在になることができる。

狙いは見事に当たった。やはり多くの人たちがライブドアという社名を覚えていたし、僕らがライブドアと名乗ることになんの違和感もないようだった。

これは60億の広告効果を1億円で買ったに等しいのだ。

「社名に愛着はないのか?」

「潰れた会社の名前を使うなんて縁起が悪い」

そんな言葉を投げかけられることがあったが、必要なのは知名度なのである。知名度は喉から手が出るほど欲しい。それを前に愛着とか縁起とか悠長なことを言ってる場合ではない。

そもそも企業の名前なんて、もっともらしい理由は付けていても、芸能人の芸名と一緒で、たんなるハッタリでしかないのだ。

こういうところを僕らしいと言う人は多いけれど、真剣に会社を大きくしていくことを考えている経営者なら、きっと誰もが同じ選択をしたはずだ。

雰囲気や感情に流されず、当たり前の判断を瞬時にできるかどうか。経営者としてとても大事なことだ。

まさかの六本木ヒルズへ移転

ライブドアといえば六本木ヒルズというイメージを抱いている人は多いと思う。

急成長するＩＴベンチャーと都会的で最先端、そしていかにもゴージャスなあのビルは、ある意味で親和性が高かった。

しかし当然ながら、僕らは最初から六本木ヒルズにいたのではないし、いつかは六本木ヒルズに、と夢見ていたのでもない。

それは、流れとしか言いようがない。六本木ヒルズよりも適当なところが見つからなかったのである。

メディアにもヒルズの象徴のように扱われたライブドアだが、実はローンチカスタマーではない。ライブドアよりも前にＩＴ企業ではヤフーが入っていたし、オフィスフロアの一番上にはゴールドマン・サックスやリーマン・ブラザーズが鎮座していたのだ。

僕はオン・ザ・エッヂ時代から会社の固定費にはかなりシビアだった。

ギリギリの資本金で設立したので、それ自体は利益を生み出さないオフィスの賃料は極力安く済ませるべきだと考えていた。

前にも書いた通り、最初の六本木のビルはワンルームで月７万円。学生が借りるマンションの値段と変わらない。部屋の広さもそんなものだった。

そこからフロアをまるごと占有し、さらに４フロアまで増床。それでも入りきらなくなって、渋谷のワンフロア２００坪のビルに移転。ここでも３フロアまで増床したものの、またまた手狭になってしまった。

どこか探さないといけないよなあとは考えていたが、かなりの床面積が必要なのですぐに見つかるというものでもない。

そんな矢先、宮内氏から意外な一言が投げかけられる。

「社長、六本木ヒルズどう?」

まったく想定外のことを言われて驚いた。

「いくらなんでも無理でしょー」

渋谷の家賃は坪単価2万円強、3フロアで月に1200万円弱だが、噂によればヒルズの坪単価はその倍らしい。しかもワンフロアの床面積は1000坪を超えるとのことだ。

それでも問い合わせるのはタダだと思って聞いてみたところ、未だオフィスフロアに空きが多いらしく、なんと坪3万円強+フリーレント数カ月という条件で借りることができそうと分かったのだ。何事も試みてみるものである。

これまで買収した会社、これから買収する会社、全部をヒルズに集約すれば、月3000万円に及ぶ家賃も払っていけないことはない。

「じゃあ、ヒルズにしようか」

かなり見切り発車的な部分もあったが、エイヤで決めてしまった。

そしてライブドアは六本木ヒルズに移転する。

社員の中にはヒルズで働くことに高揚している者もいた。モチベーションが上がることは経営者としてはありがたいことだ。僕自身は住まいもヒルズに移すことにしたので、とにかく近くて便利、これで思い切り働けるという感覚だ。

1000坪も埋まるのか? という不安はあったけれど、次々に買収話がまとまっていくうちに、それも単なる杞憂だったと分かる。

「バリュークリックジャパン」を皮切りに、携帯電話販売会社の「クラサワコミュニケーションズ」、後のライブドア証券となる「日本グローバル証券」、消費者金融の「ウェブキャッシング・ドットコム」、ソフトウェア会社の「ターボリナックス」、「弥生」。買収するごとに、新しい子会社や部署が次々と立ち上がり、瞬く間にフロアはいっぱいになった。

それどころか、半年もたたないうちにまたもや手狭になったのである。

六本木ヒルズ38階のフロアはライブドア社員たちの机で埋め尽くされていた。

この場所が、僕のライブドア時代の最後のオフィスとなる。

第八章　プロ野球界参入

球団買収に乗り出した本当の理由

「２００４年６月30日、僕にとって、球界にとって、そして野球ファンの皆様にとって、記念すべき日となりました」

僕が大阪近鉄バファローズ買収についての記者会見を開いたその日の夜、ブログ「社長日記」に載せた文章である。

ライブドアの知名度は確実に上がっていた。しかし日本でもっとも勢いのある会社と認知され、そして僕自身があたかも時代の寵児のように扱われるようになったのは、この日を境としている。

旧態依然とした野球界にＩＴ業界の成り上がり者が殴り込みをかける。そんな分かりやすい図式が世間の多くの人の注目を集めたわけだ。

03年の暮れのことだ。とある講演会のため福岡に招かれた僕は、会の後の懇親会でダイエーホークスの社員の方と話をしていた。

「堀江さんの会社でダイエーを買ってくれませんか？」

明らかに冗談といった口調だったが、その人は身売りの噂が囁かれているという球団事情を嘆いていた。

「いやあ、うちの体力じゃダイエーさんは買えませんよ」

僕もその場は軽口で返しただけだ。

しかしこのやりとりをきっかけに球団買収という可能性について度々考えるようになった。

球団を買えばきっとものすごい知名度アップに繋がるだろう。

ライブドアという会社名が連日のように新聞やテレビで報道される。ユニホームにロゴを付けた選手たちが沢山のファンに応援されている。

うん、これはなかなかすごいことだ。しかし現実的にダイエーは無理だなと思っていたところに、近鉄が身売り先を探しているというニュースが飛び込んできた。

「近鉄だったら買えるんじゃないの？」

大赤字を抱えている球団だと聞くし、20億や30億くらいの値段ならば買えないこともない。

すぐに投資チームに連絡をして近鉄側のアポイントを取る。

近鉄側のリアクションも「前向きに進めていきましょうか」という悪いものではなかった。

もしかしていけるんじゃないの？

しかし事態はそう上手くは進まなかった。

連絡を取っていた近鉄側となぜか突然音信不通状態になり、いったいどうなったのだろうと思っていたところ、オリックスと合併する話が持ち上がっているという噂が聞こえてきたのだ。

「なるほどそういう流れになったのか。まあそれならしょうがない」

無理に労力をかけたところで意味がないので、僕はほとんど諦めていた。それが04年の4月くらいの話である。

しかし6月に入ったある日の朝、楽天の役員をやっている小澤隆生氏から電話がかかってきた。

「堀江さん、まだ近鉄を買う方法があるかもよ」

小澤氏の話によると、近鉄・オリックスとの合併に対して選手会が猛反対しているらしく、合併がご破算になる可能性もあるという。それはつまり身売り先を探すという話が復活することを意味する。

「じゃあ、やってみようかな」

一度はすっかり冷めていた球団買収への情熱が再びムクムクと蘇ってきた。

でも一つ気がかりなことが残っている。

「三木谷さんは大丈夫なの？」

そう、楽天が名乗りを上げるということだって充分考えられるのだ。いくらライブドアの会社の規模や知名度がうなぎ上りになっているといっても、楽天のそれにはまだ遠く及ばない状況でもあった。

「いや、うちのボスはやるつもりはないみたいですよ」

僕はその言葉に安心した。それならやってみるか。

これは面白いことになるだろう。そう確信はあったけれど、その時の僕はあれほどまでに注目を集めることになろうとは予想もしていなかった。

近鉄はなぜ赤字だったのか

子どもの頃から運動が苦手だったので、あの時代の多くの男の子たちが将来の夢として掲げる「野球選手」には一度もなりたいと思ったことがない。

だからと言って僕が野球にまったく興味がなくて、ただ知名度アップや利益のためだけに買収の名乗りを上げたのかというとそうでもない。

我家では毎晩のように父親がナイター中継を観ていた。もちろん僕もそれを隣で眺めているので、嫌でもチームや選手たちの情報は頭に入ってくる。

そして僕自身もすっかり忘れていたことなのだが、僕は試合そのものを観るよりも、プロ野球選手名鑑のようなデータブックを読むことが好きだったのだ。各チームの選手の出身校や成績、そして年俸が顔写真とともに掲載されているアレである。

その時は野球チームにオーナーがいることも、マネージメント的役割を担う人がいることも分からなかったのだけれども、どこかにそういうものへの憧れがあったのかもしれない。

買収への意思を固めて、それを発表するまでの間に、僕らは球団や日本のプロ野球界のことを調べ始めた。いくら知名度を上げるという目的があっても、買う以上は利益を生む組織にしなければいけない。

シミュレーションの結果、球団の黒字化は僕の中ではそう難しいものではないという結論に至った。

観客が入っていない。地域と密着できていない。スタジアムと一体的経営ができていない。

そもそもゲームがつまらない。

問題点はいくつも浮き彫りになっているし、他のチームを見渡せばそこそこの成功例はあるので、改善法も新たに発明するまでもなく見つかりそうだ。

経営状態を正確に把握した上で、組織改革としかるべき投資を行えば、ビジネスとしてはそれほど難易度が高いものではないと感じていた。

一方で、現時点でそれができていないのはなぜかという問題にも直面する。近鉄はどうして赤字を垂れ流し続けるだけで、有効な手を打てず立ち止まっているのか。大の大人がそれなりの給料をもらって働いている企業のはずなのに、一向に業績がよくならないのはなぜなのか。

それは一球団の問題に止まらず、野球界の旧態依然とした体質に原因があるのかもしれない。

古い因習を重んじて、新しいことや変化を求めるものを排除する体質と言ってもいいだろう。

インターネットを通して新しい世界、新しいビジネスを考え続けてきた僕にとって、その旧態依然とした体質は敵以外の何物でもない。そして彼らにとっても僕は受け入れがたい存在となるかもしれない。

これは一つの会社を買収する以上の意味を持つ闘いになると僕は思っていた。

新参者に冷たい球界の反応

僕らは記者会見を開き、大阪近鉄バファローズ買収に名乗りを上げた。会見に集まっていたカメラの数に驚く。そしてその日以来、テレビのニュースやワイドショーで連日報道されるようになった。僕個人にも取材やテレビ出演の依頼が殺到。その対応に大わらわとなっていった。

そもそもなぜ記者会見を開かなければならなかったかというと、そうでもして公の場で宣言しないことには、正式なオファーすら許されない感じだったのだ。言ってもまともに聞いてもらえない状態。

近鉄は依然としてオリックスとの合併を進めていたし、他球団のオーナーたちも1リーグ制に移行させようとしていたために一斉に反発した。

近畿日本鉄道の山口昌紀社長曰く、

「球団の大改革を今からやろうとしているんだ。それに逆行する勢力が仕掛けてきたものだろう。近畿日本鉄道をなめるなよ、という思いだ」

初めから喧嘩腰である。

巨人の渡邉恒雄オーナーに至っては、

「オーナー会議で承認しなきゃ入れないんだから。知らない人が入るわけにはいかないだろう」

まったくの門前払いである。どんだけ閉鎖的なんだよ。

僕たちは改革の邪魔なんてするつもりはないし、自分たちだけが儲けようと思っているわけでも決してなかった。プロ野球の場合、どう考えてもお互いが共存共栄の関係を保っていかなければやっていけない。僕らの参入は球界全体にとっても悪い話とは到底思えなかった。

ライブドアが近鉄バファローズを買収することで損をする人は一人もいないはずなのだ。

球団経営を改善していくためのプランがないという難癖のような指摘も受けたので、具体的な方策を発表もした。プランがない人にプランなんて言われたくないよと思ったけれど。

たとえば球団株式を発行し、株主になってもらうことでファン層を拡大。選手にストックオプションを付与することでやる気を引き出す。インターネットを活用して試合中継や情報配信を行う、などなど。

僕のように会社を経営している人間からすると、少し考えれば誰でも思いつきそうなことなのだが、当時はそのどれもが現実的には行われていなかった。

そもそも年間30億から40億もの赤字を出している近鉄バファローズ。それは身の丈に合った経営をしていないということで、ライブドアが運営をすれば2年で黒字になる計画だった。

それなのになぜ拒絶されるのか？

結局は年寄りのオーナーたちの「若い奴は雑巾掛けから始めろ」といういじわるなのである。

「自分たちはこれだけ苦労してきたんだから、同じような苦労を味わってからやってこい」

といった感覚だろうか。

時代遅れも甚だしい嫌がらせである。

自分たちも得をする可能性があるというのに、情報判断を誤っているが故に、僕らを拒絶しているのだ。

それは若い世代への恐れのような感覚なのかもしれない。彼らは戦争によってすべてが一度清算された後に、所謂「地道な努力」を積み上げることでそれぞれの立場を築いた人たちだ。

彼らには若い世代が旧来のシステムを壊す、新しい人が古い人を駆逐するという世界に身を置いた経験がないのだ。

彼らに良き時代があったことは否定しないし、その功績も確かにある。しかし今や彼らは単に利権を守るだけの「老害」に成り下がってしまっている。

「伝統がそれぞれあるんであって、金さえあればいいいってもんじゃないよ」

これも渡邉恒雄オーナーの発言。

伝統とか言って赤字を垂れ流し続けて、球団を潰してどうするんだよ？

野球少年よりもサッカー少年が多いことに危機感は持っていないのか？

疑問や怒りは次から次へと湧いてくるようだった。

しかしこちらがどのように近鉄に働きかけても、オリックスとの合併から舵を切ることはなさそうだ。

ここで諦めるのか？　いや諦めるわけにはいかない。これは単なる一企業の買収には止まらない次元の話だ。闘いはまだ始まったばかりである。

買収がダメなら、新たにチームを作ればいいいんじゃないか。

そう考えた僕は新球団を設立することを発表した。

朝から晩まで密着される

朝から記者会見。その後に新聞取材、そしてテレビの取材。また新聞取材で、雑誌の鼎談《ていだん》、さらにテレビの取材……。こんな取材漬けの日は珍しくなかった。

移動にもテレビカメラや取材記者が密着。あまりに時間がなくて車の中でインタビューを受けることさえあった。本当に朝から晩までマスコミに囲まれていた。

道を歩けば「ホリエモン！」と声をかけられる。「頑張れよ！」という応援の言葉が添えられることもあって、僕は手応えを感じていた。

野球界の「老害」たちが僕を排除しようとしている。しかし世の中は僕の挑戦を受け入れてくれている。みんな変わらなければいけないと分かっているのだ。

ちなみにこの頃からテレビなどで僕は「ホリエモン」と呼ばれるようになり、そのニックネームは瞬く間に全国に広がった。これは03年の初めくらいにYahoo!株式掲示板のオン・ザ・エッヂのところで使われだしたのが最初である。誰が言い出したのかまでは分からない。

徐々に丸さを増していく（つまりは太っていく）僕の容貌をして「ホリエモン」と呼ばれていることについて、「嫌じゃないの？」と聞いてくる人もいたけれど、僕自身は特になんとも思わなかった。

名前を呼ぶ必要もないような人間に渾名を付けたりしない。つまり僕という人間にある程度の需要があるという証しである。「ホリエモン」が呼びやすいならそれで結構。それで覚えてもらえるならむしろラッキーである。そりゃあ、デブとかオタクとか言われてたら傷つくけれど。

実のところこの頃はものすごい勢いで体重が増加していた時期でもある。毎晩会食に次ぐ会食。酒も遅くまで飲む。たまにトータル・ワークアウトに通っていたけれど、あまりの忙しさにその間隔も開きがちだった。

それでも僕が日々体重計に乗っては憂鬱な気持ちになっていたかというと全然そんなことはなくて、太ったら痩せればいいとしか思っていなかった。

太るかもしれないと思って食べていたら、せっかくの美味しい食事も楽しめない。食べる時は食べることに集中。その分、減量の時期は減量に集中。

その気になれば一気に10キロは余裕で落とせると思っていたので、深刻に考えることはなかった。

さて、当初は大阪を拠点にし「バファローズ」の名前を残す形で新球団の設立を表明したものの、オリックス・近鉄の合併案を切り崩すことができずに、それは断念した。

9月には新会社「株式会社ライブドアベースボール」を設立し、僕はその社長を兼任することを発表。同時に仙台を拠点にした新球団の構想を打ち出した。

世論は味方に付けている自信があったし、浅野史郎宮城県知事の支持も得られた。順調に駒を進めていると思っていた矢先に、伏兵が現れる。

「やるつもりはないですよ」

と聞いていた楽天の三木谷氏が参入の意思を表明してきたのだ。

楽天との熾烈な闘い

「まさか！」と驚いたけれど、どこかで「やっぱり！」という気持ちもあったように思う。楽天は当初、神戸を拠点とした球団ということだったのが、ほどなく仙台に変更。つまりライブドアVS楽天、ガチンコの勝負となるのである。

正直、分が悪いとは思っていた。しかしそこで分が悪いと口にする指揮官がいるだろうか。闘う時は最後まで勝つことをイメージして挑むのが当然だ。

どうやったら勝てるのかを必死になって考えた。

最初に参入を表明したのは僕である。仙台を本拠地に選んだのも、知事の承認を得たのも僕の方が先だ。

仙台の人たちはそれを分かってくれているから、民意は味方に付けているはず。それを最大限アピールする必要があった。

僕はこの頃、何度新幹線で東京・仙台間を往復したか分からない。地元メディアの取材には積極的に対応したし、現地の居酒屋で牛タンを食べる、地酒を飲むなど、時間の許す限り仙台という地になじむ努力をした。

宮城県のみならず、東北の他県にも足を延ばし、東北密着型の球団になることもアピールした。

インターネット上で新球団の名称を募集し、6万人の投票の結果選ばれたのは「仙台ライブドアフェニックス」。チームカラーは赤に決定。

GMや監督候補なども、次々と決めていった。僕は本気なのだ。

NHK仙台放送局のエレベーターでは三木谷氏と鉢合わせをするというアクシデントもあった。

お互い知らない顔ではないし、個人的な敵意を抱いているわけではない。その場では苦笑いをして、短い言葉を交わしただけだった。

スマートな大人の印象の三木谷氏に、新しい世代の代表のような僕。この図式も世間にとっては興味深いものだったのだろう。

仙台の街を歩けば、若者たちが集まってきて、自然とホリエモンコールが上がることもあった。テレビはその様子を放送してくれている。

手応えは確かにあった。やるべきことはやっているという自負ももちろん。

しかし最終決定権を有するのは「老害」たちなのである。

敗戦で得たものは大きかった

NPB（日本プロフェッショナル野球組織）の審査小委員会による公開ヒアリングが行われた。ライブドアの業務の一環として成人向けサイトを運営していることについて聞かれたりもする。

「なにが悪いの?」

と思ったけれど、まあそれは口に出さずにおいた。

現在抱えている訴訟などについても明らかにする必要があるみたいで、事実を包み隠さずに報告する。こっちは日々会社を大きくするために切った張ったの勝負をしているのである。多少のもめ事は抱えていて当たり前だと思ったけれど、これも口に出さずにおいた。

この時点では感触はまったく分からなかった。民意を味方に付けているという自負はあったし、それはNPBにも伝わっているだろう。しかし、すべては「老害」たちが密室で決めるのである。なんとも前時代的で不健全で気持ち悪い話だ。

ライブドアVS楽天が熾烈な闘いを繰り広げている最中に、驚きのニュースが舞い込んできた。ソフトバンクがダイエーを買収。

「このタイミングで入ってくるんだね、孫さん」

漁夫の利とまでは言わないけれど、抜け目のない孫氏のやり口にはさすがと言うしかない。

そしていよいよ11月2日の発表の日。

この日は朝、六本木で仕事をしてお昼頃に新幹線に乗り込む。

14時から仙台で始まっているセレモニー会場へ駆けつけた。

会場では報道陣から質問攻めに遭い、仙台の人々からは写メ攻撃に遭う。

その後、記者会見会場に移り、発表の時間まで待機。会見場は記者やテレビクルーでごった返していた。日本中がこの勝負の結果を固唾を呑んで見守っているということだ。

「なんとか勝ちたい」

とはいえ今更もうできることはないので、ホテルの部屋で和やかに雑談しながら結果を待つ。

そして当初の発表時間から大幅に遅れた夕方の17時少し前。

新球団は楽天と決まった。

やっぱりそうきたか！

もちろん悔しい。これからの記者会見でその悔しさをぶちまけてやろうか。あるいは「老害」どもを完膚なきまでにこき下ろしてやろうか。いろんな考えが一瞬のうちに頭の中を駆け巡ったけれど、僕が選んだ言葉はだいたい以下の通り。

「仙台新球団おめでとうございます。仙台にチームができたことは良かったと思います。皆様にはこれまでのことをすっきり忘れて、新しい球団を応援して頂きたいと思います」

無理して強がったわけではない。負けたものはしょうがない。次に新しい場所で勝つしかない。最後に思いの丈を晒したところで、僕やライブドアに得なことはなに一つない。

それにそもそも僕が新規参入に名乗りを上げなければ、楽天が新球団を作ることも、東北にプロ野球チームができることもなかったわけである。間違いなく、旧態依然としたプロ野球界に風穴を開けたのだ。

あの「老害」たちを焦らせることはできたはずだ。

夜のテレビ中継などを終えて、宮城球場を出たところで、仙台市民のみなさんから「頑張ってください」というエールをもらう。県庁では浅野知事から「ライブドアがNPBを動かした。それは歴史に残ること」との言葉も頂いた。

試合に負けて、勝負に勝つ。

ビジネスにおいては通常、そんなことはあり得ないと思っている。試合にも勝負にも勝たなければ、ベンチャー企業は生き残っていけない。

しかしこのプロ野球参入においては少し違う。

確かに近鉄も買収できなかったし、新球団も楽天に取られた。試合には負けた。

しかしこの一件でライブドアの知名度は急上昇したのだ。一気にお茶の間レベルに達することができたと言える。しかも日本人独特の判官贔屓《びいき》という感覚も相まって、同時に好感度も手に入れたのである。

宣伝効果でいえば100億以上だったと僕は思っている。もちろん結局、球団も施設も作っていないので、元手はほとんどかかっていない。

そしてなによりも、ライブドアの株価は急上昇していた。

株式会社の経営者としては、勝負に勝ったと思ってもおかしくはないだろう。

第九章　ニッポン放送買収

順風から逆風へ

順風が逆風に変わる瞬間を肌で感じたことがあるだろうか。

僕のことを時代の先端を行くヒーローのように扱ってきたマスコミ、そしてそれに操られるようにして「ホリエモン」の動向をお茶の間で追いかけてきた世間が、一転して僕のことを悪役として叩き始めた。

契機となったのはライブドアがニッポン放送株をＴＯＢすると発表した時だ。ニッポン放送を買収することによって、実質子会社であったフジテレビをライブドア傘下に収める。

ＩＴベンチャー企業が、日本の巨大放送局を乗っ取る。

相手がプロ野球界だった時は、あれほど旧態依然とした業界に新風を吹き込んだと持ち上げてきたマスコミは、自分たちがやられる側にまわった途端に、僕をヒールであるかのごとく報道したのである。

たとえばそれは新聞に掲載される記者会見時の顔写真１枚から変わった。

カメラマンは会見の間、シャッターを切りまくる。撮った写真の中には、爽やかな好青年風の笑みを浮かべているものから、角度やタイミングの問題で極端に不機嫌な悪人面に写ってしまったものもある。もちろんそのどちらでもないフラットな感じの写真だってあるに違いない。

僕を支持する方向の記事の場合、使う写真は好青年然としたもので、逆に嫌悪感を表したい場合は、知人でも見たことがないと驚くような悪人面をわざわざ厳選するのである。

世間の人々の心証は写真1枚ごときでは変わらないように思えるかもしれないが、それらが重なって膨大な情報として流れ込んできた時には、すでにもう「堀江は悪人」というイメージができ上がるのだ。僕の場合は、そこに「拝金主義者」「金の亡者」という言葉もくっついてきた。

マスコミとは、世間とは、そういうものである。

僕は人からどう思われようと構わない性格だ。つまり嫌われても気にならないということ。僕を嫌いかどうかは、僕ではなく相手の問題である。相手を変えようとして努力したところで限界はある。いやそれはたぶん無理なことだ。

そんな意味のないことに気持ちや時間を取られるくらいならば、目の前の自分のやるべきことに集中した方がいいに決まっている。人生は短い。

今の僕の思考は完全にこうなっている。だからあの当時本当はどう思っていたのかと今になって聞かれても、正直あまり覚えていないし、別に大したことないんじゃないですか、と答えることが多い。

しかしおそらく僕は、このフジテレビ買収騒動以降の強烈な逆風、膨大なバッシングに晒される中で、なんとか自分を見失わないための自衛手段の一つとして、この思考方法を確立していったのだと思う。悪口への耐性レベルをメキメキと上げていったのだ。

子どもの頃からそうなのだとしたら、僕は小学校で問題児にならなかっただろうし、大学のキャンパスで女子を前に挙動不審になったりもしなかったはずだ。

もはやそんな変化にすら今となればまったく興味がないのだけれど、この本の性質上、説明した方が親切だと思うので、ここに書いておくことにする。

では順風から逆風に変わった時、僕はなにを感じていたのだろうか。

怒り、失望、悲しみ、屈辱、それでも湧き上がってくる闘志などなど。

それを一言にまとめるとすると、きっとこうなるはずだ。

「やってやろうじゃないの！」

会社四季報を見ていたら

会社を上場させるまで、株式など買ったことはなかった。

結果自社株を所有することになり、また上場直後に投資子会社キャピタリスタを設立したこともあって、株式会社という組織の在り方や運営形態、株式市場などに興味が湧いてきたのだ。

そして勉強というか、一つの楽しみとして、時折「会社四季報」を眺めては、様々な会社の業績や情報を得るようになった。

「こんな会社があったのか」「なんなのこの利益の多さは」「ここ潰れるんじゃないの?」「なんでこの会社が株主になってるんだろう?」などなど、無機質のような文字と数字の羅列も興味を持って読み解いていくと、なかなかに雄弁なのである。

ある時、いつものように「会社四季報」を眺めていたところ、少し変わった会社を見つけた。それは「フジテレビジョン（現フジ・メディア・ホールディングス）」である。

フジテレビの株式の多くを、「ニッポン放送」と「文化放送」が所有していると書いてあるのだ。

「なんだこれ?」

この二つの会社はラジオ局で、文化放送は非上場、ニッポン放送は上場会社。斜陽と言わざるを得ないラジオ放送を生業とする会社が、日本を代表するテレビ放送局の大株主になっていた。

しかもニッポン放送株の当時の時価総額は、実質的子会社であるフジテレビ株の時価総額を下回っていた。つまりはニッポン放送を買収すれば、同時にフジテレビをも傘下に入れることができるのだ。

「え？　すごくない⁉」

これに気が付いたのはたしか00年あたり。残念ながら当時のライブドアは上場後の株価低迷に喘いでいた時期で、そんなチャレンジに使える資金はどこにもなく、単なる夢物語と思うしかなかった。

そもそも僕はテレビというメディアの将来については悲観的であった。広告の費用対効果はネットに比べて著しく落ちるし、国民の（そして主に若者の）テレビ離れも歯止めが利かない状況である。

僕の周りにはテレビなんて見ても時間の無駄だと言い放つ人も多かったし、テレビをまったく点けない、もしくはテレビ自体を持っていないという人もいた。

僕自身も低予算で作られたのであろう番組のレベルの低さや、安っぽい脚本とうすっぺらい演技のドラマのくだらなさには、怒りを超えて空しさすら覚えることも多く、本当に興味のあるドキュメンタリー番組しか見ないという人間だった。

テレビが現在抱えている膨大な数の視聴者を、インターネットメディア側に引きつけられるのは、あと1、2年くらいのことだろうと思っていた。

しかし04年6月からのプロ野球参入表明後の騒動で、テレビの影響力を身をもって感じた僕の考えは少し変わっていた。

「限られた時間の中ではあっても、テレビを利用しない手はない」

なにせあの騒動の広告効果は100億くらいあったと思っているのだ。

ライブドアの知名度をさらに上げるために、テレビメディアと直接的に関わる方法がないものか。はっきり言えば、テレビ画面にライブドアのURLをできるだけ長い時間表示するために、できることはないだろうかと考え続けていた。

会社は急成長を遂げていたし、04年4月には300億円の第三者割当増資に成功してはいたが、この程度の資金ではテレビメディアの買収などまだまだ現実的ではない。

そう考えているうちは、夢物語だったことは確かだ。

そして何より、村上ファンドの村上世彰氏からの一言がなければ、事態が動き出すことはなかった。

村上氏からの「フジテレビに興味ない？」発言

僕とともにヒルズ族の代表として世間を騒がせた村上氏。彼との出会いは確か00年か01年頃に遡る。

その頃、僕は複数の人から「村上世彰氏を紹介したい」と言われていた。村上氏は、芙蓉グループの不動産事業会社「昭栄」に国内初のＴＯＢによる敵対的買収を仕掛けたことで、時の人となっていた。

社交のようなものには興味がない僕は、「じゃあ、そのうち機会があればお願いします」とかわし続けていたのだが、ある時突然その機会は訪れた。

当時、僕の秘書をしていた社員の紹介で、村上氏と公開討論会をすることになったのである。

そこで僕は彼の頭の切れ具合、政治経済全般に関する知識の深さに大きな衝撃を覚えた。

「村上さんって、すげえ面白い」

その直後、村上氏からホームパーティーに誘われる。村上氏は自宅に友人知人を招いてパーティーを頻繁に行っていたのだ。

お酒とご飯をご馳走になりながら、村上氏と様々なことを語り合い、すっかり意気投合。その後、年に数回は意見交換のようなミーティングや会食を繰り返す間柄になっていった。

そんな村上氏からある日、まるで今日これからうちに来ないかという調子で聞かれた。

「フジテレビに興味ない？」

村上氏がニッポン放送に興味を持っていることはすでにメディアでも報道されていた。ニッポン放送とフジテレビの歪《いびつ》な関係を正常化するという目的を掲げて、ニッポン放送株を少しずつ買い増していることも知っていたのだが、村上氏の真意がどこにあるのかは正直計りかねていた。

しかし一度はフジテレビを手に入れるという夢物語を描いた僕である。できることなら関わりたい。

「もちろん興味はありますよ」

その時の村上氏は「俺を応援してくれないか」という感じだったので、あくまで僕もそのつもりで、まずはニッポン放送株を少しだけ買うことにしたのだ。

きっと面白いことになるぞ。

この頃、村上氏は僕を含めた複数のＩＴ起業家に対して、ニッポン放送を通じたフジテレビ買収についてのサウンディングを行っているようだった。僕としては応援団の一人として選ばれたくらいの意識だったのだ。

だからこの時点では、ライブドアの社運と僕の経営者としての立場を賭けた一世一代の大勝負になるとはまだ微塵も思っていなかった。

ニッポン放送株大量取得

２００５年1月17日のことだ。

突然フジテレビがニッポン放送株のＴＯＢを発表した。

この日の夜、僕と村上氏は彼の自宅でワインを飲みながら、これからのことを話し合っていた。

前述のように最初は村上氏の応援のつもりでニッポン放送株を買い出していたのだが、この頃にはすでに、僕と村上氏の立場が逆転していたように思う。ライブドアがフジテレビを手に入れたいからニッポン放送株を買う。そのサポートと参謀役を村上氏が務める、という構図になっていたのだ。

それを唆されたのだと言う人も周りにはいるが、僕自身はそうは思っていない。たしかにいつの間にか立場は逆転していたが、それはやはり僕自身が、夢物語を現実のものにしたいという強い欲求を抱いていたからだと思う。

村上氏にも当然その気持ちは伝わっていて、彼も僕を前面に出した方が得だと考えたにすぎない。これは彼のようなファンドマネージャーとしては当然の身の処し方だろう。

しかしライブドアにはフジテレビとTOB合戦をするだけの資金力はない。

なのでこの夜は、「まあ無理だよね」「悔しいよね」というやり取りを経て、僕の考えも諦めるという方向で固まっていったのだ。勝てないと分かっている勝負に出て、なんの意味があろうか。

しかし翌朝早くに村上氏から電話がかかってくる。

「堀江、いい方法があるぞ」

村上氏曰く、時間外取引をすれば、TOBしなくても株を買い集められるというのだ。

TOB合戦では、最終的には買取価格をどこまで上げられるかという勝負になるので、資金力で劣るライブドアにはまったく勝ち目がない。しかし時間外取引であれば現在フジテレビが提示している買取価格よりいくらか上乗せした価格で市場から株を買い集めることが可能だという。村上氏はこういう奇策を考えるのが得意な人なのだ。

「もしかしたらニッポン放送を買えるかもしれない」

早速社内で話したところ、社員たちも興奮しているようだ。

まずやるべきは、この取引が合法なのかどうかを確かめること。すぐに金融庁に確認し、法的な問題はないというお墨付きを得た。

そして一番の問題、軍資金である。今現在、ライブドアにニッポン放送株を大量に買い集めるだけの資金はない。ということは新たに確保しなければならない。

そこで財務チームの熊谷史人取締役が提案してきたのはMSCBという方法を使って調達するという話だった。

MSCBとは転換価格修正条項付の転換社債型新株予約権付社債。えらく長い名前だが、基本的には先々株式に変えることができる社債を発行するというものである。一般的な増資というのは新株発行数を決めて、1株の価格×株数で資金を調達する方法だが、このMSCBの場合は、調達資金の額を予め決めて、投資する方は後々、その時の市場価格で提供した金額に見合うだけの株数を手に入れられるというものだ。

「そうか、MSCBしかないのか……」

熊谷氏の口からMSCBと聞いた時、僕はそう思った。なぜなら、それは僕の持ち株がものすごく希薄化することを意味するからだ。すでに僕の持ち株比率は度重なる増資の影響で30％を下回る辺りまできていた。その上で数百億円のＭＳＣＢをやると10％台に落ち込んでしまう。社債が株式に変わる時の株価によっては、さらに下がってしまう可能性だってあるのだ。

つまり僕は筆頭株主であっても支配株主ではなくなる。いつでも追い出されるような状況になってしまうのである。

それを覚悟して、やるかやらないかの判断をしなければならなかった。

会社やその社長というポストに愛着のある人なら、絶対に受け入れられないだろう。しかし僕はもう上場した時点で会社は株主のものであり、その株主に利益をもたらすのが経営者の務めであると割り切っていた。ここで決断を下すことがライブドアのさらなる発展に繋がるのならば、迷う必要はない。

「よし、やろう！　こんな勝負は何度もできるものじゃない」

僕らは勝負に打って出ることにした。

時間にも限りがあるので、僕たちは急ピッチで準備を進めた。

その結果、リーマン・ブラザーズを引受先とするＭＳＣＢにクレディ・スイスのつなぎ融資を絡めたスキームで、８００億の資金調達に成功。

同時に村上氏のところからニッポン放送の株主についての情報をもらい、彼らに売却の意思があるかを問い合わせる。

海外のファンドであるサウスイースタン・アセット・マネージメントなどの株主が、フジテレビのTOB価格よりも高いオファーが出たら市場で売る意思があると確認した。村上ファンドはそのまま持つつもりであった。

やれることはやった。

そして2月8日。

東京証券取引所が認めている時間外取引の「ToSTNeT-1」によって、ニッポン放送株全体の29・6％を一気に取得することに成功。

これ以前に買い進めてきた5・36％と合わせると、約35％を保有する圧倒的な筆頭株主に躍り出たのだ。

反応は〝乗っ取り〟、実際は……

「とんでもないことをしでかしてくれた」

ニッポン放送・フジテレビ側は激しい拒否反応を示した。早速僕が出演していたフジテレビの番組が放送中止になった。

「別にそんなつもりじゃないのに」

というのが僕の本心なのだが、彼らには到底伝わらないようだった。

「ITベンチャーがテレビ局を乗っ取ろうとしている」

「金さえあればなんでもできると思いやがって」

フジテレビはもちろん、他のマスコミ各社も過剰と思われるほどの主観的な報道を繰り返した。ついこの間までは、僕のことを新時代の寵児と持ち上げていた面々が、いきなり掌を返したようなバッシングぶりだ。いつ自分たちもフジテレビのような目に遭うか分からないという恐怖を感じていたのだと思う。

順風が逆風になった瞬間だった。

僕は彼らのいわゆる愛社精神を刺激したのだと思う。そうなのだろうと想像できるのだが、実のところ僕には愛社精神そのものが、まったく理解できないのだ。

僕は会社員として働いた経験が一度もない。どこかの会社に長期間勤めたこともない。だからこの会社のために自分は働いているのだという意識を持ったことも皆無なのである。会社は自分がやりたいことをやるための器でしかない。

だから愛社精神が分からないのだと言われたらそれまでなのだけれど、その愛社精神とは、僕にはなれ合いの関係を下敷きにした精神的な依存としか思えない。

自分はこれだけのことをしているのだから、会社は守ってくれて当然だ。会社で決められている通りの仕事をしていれば、自分の生活は保障される。

高度成長期ならいざ知らず、この現代においてどう考えればそんなお気楽でいられるのか、僕には信じられない。彼らはせっかく勉強していい大学に入って、いい会社に就職したのだから、後は真面目に働きさえすれば一生安泰だと思っているのだ。

そのくせきっとテレビ局の社員たちは、会社帰りのバーなんかでは、時代を先取りした風を装って、

「もうそんな時代じゃないよね」

と語り合ったりしているのかもしれない。

しかし実のところ自分たちだけは大丈夫だと思っているのではないだろうか。

そんなはずはない。テレビ局や新聞社だって、経営状態が悪くなれば当然倒産するのだ。テレビも新聞も斜陽産業じゃないか。

そもそも会社は誰のものなのか。彼らは会社とは自分たちのもの、あるいはちょっと分かった振りをしている人でも、経営者のもの、と思っているのに違いない。

ここで繰り返すまでのことでもないが、会社は株主のものなのだ。経営者は株主を儲けさせるために会社を運営するのであり、そのために働くのが社員なのだ。

そして上場企業というのはいつでも株主が替わる可能性を孕んでいるものなのだ。

これらすべてをテレビの前で話したらどんな風になっただろうか。きっとそれを報じるのもマスコミの人間となるので、発言が意図どおりに伝わることはなかっただろう。

彼らは「編集」するのが得意なのだ。人の意見、人の人生を勝手に「編集」して、自分たち

に都合がよい形で世の中にバラまく。

しかし、である。

僕はなにもニッポン放送やフジテレビに乗り込んで行って、やれリストラだ、やれ番組改編だ、ということをやりたかったわけではない。

ニッポン放送については、フジテレビの持株会社としか捉えておらず、ニッポン放送の事業そのものにはあまり関心はなかった。ネット事業とシナジー効果がある部分についてはすぐにでも取り組むべきだが、それ以外には特に興味もない。

フジテレビにしても、番組に口を出したかったわけでは決してない。

僕のやりたかったこと、それはテレビ画面にライブドアのＵＲＬを貼り付けることだったのだ。

ライブドアのポータルサイトのページビューがYahoo! JAPANに大きく離されているのだから、その状況を覆すために放送の圧倒的なリーチを使うというシンプルな発想である。しかしそれが理解されない。

「まさかそんなはずはない。あいつは何か企んでいるんだ」

そんな穿った見方をされてしまうのだった。

「ライブドアはフジテレビのコンテンツを欲しがっている」

いや、もうそんな終わりかけのコンテンツには興味ないですから。

衰退するテレビに僕は将来を見ていない。利用価値のある1、2年の間にライブドアのポータルサイトのページビューを上げるため、利用できるところは利用する。

彼らは自分たちがなにか偉大な、あるいは文化的な事業に携わっていると勘違いしているので、僕のシンプルな考えが理解できなかったのだろう。

僕は株式会社の社長。利用価値があるものにしか興味がないのだ。

フジテレビの信じられない奇策

ニッポン放送とフジテレビがどう出てくるのか。

社内では取締役たちが連日集まってシミュレーションを重ねていた。

その中でも、僕らが一応想定はしたものの、まさかこんな馬鹿なことはしないよねと切り捨てていた「奇策」を彼らは仕掛けてきたのである。

2月23日、ニッポン放送取締役会はフジテレビを引き受け手とする4720万株分の新株予約権の発行を決議した。フジテレビはこの権利を行使することでニッポン放送の現発行株の1・4倍を保有。結果フジテレビはニッポン放送株の66%を持つ筆頭株主になるというあり得ない計画だ。

これが許されれば、ニッポン放送がフジテレビの子会社になるという逆転が起こる。

「これは違法でしょう」

新株予約権の発行は、フジテレビのニッポン放送に対する支配力の維持だけが目的だ。株価を下落させ、他の株主たちに損失を与える不正発行である。

僕たちはすぐに、東京地裁に新株予約権発行の差し止めを求める仮処分を申請した。

僕らのやり方を違法行為紛いの乗っ取りと非難してきたフジテレビ側が、なりふり構わず本当の違法行為に手を染めようとしている。人を叩く時は、正義を振りかざすくせに、自分たちを守るためにはそんなものはなかったかのような手段を取るのだ。

もちろんこれは僕らがフジテレビを追い込んでいるという証拠でもある。

「この勝負、勝てるかもしれない」

騒動の勃発以来、ライブドアバッシングの方向で過熱し続けていた世論も、これはさすがにおかしいと思ったのか、この辺りから少しやわらいだ気がする。

フジテレビはそもそも僕らがニッポン放送株買収資金のためにＭＳＣＢをしたことも批判していたが、彼ら自身も以前、同じくニッポン放送株を買うために証券会社がアレンジしたＭＳＣＢを行っているのだ。まったくもって考えがなさすぎるとしか言えない。

僕は連日テレビカメラに追われる日々だった。報道合戦はプロ野球の時よりもさらに過熱。新聞取材、テレビ出演の合間の移動にもカメラが付いてきて質問攻めに遭うのだから、たまには休ませてくれよという感じだった。

しかし対応は基本的に僕一人で行うことに決めていた。広報の人間はいたし、記者会見となれば宮内氏や熊谷氏も一緒に出たけれども、マスコミの取材を受けるのは基本的に僕だけ。それはライブドアといえば堀江というイメージを世の中に強く植え付ける広報戦略だった。まさにキャラクタービジネスである。

昔の僕を知る人が「堀江君があんな風に人前に出るなんて」と言っていると人づてに耳にした。もちろん出ていくうちに慣れてきた、いや楽しくなってきたというのもあるが、これも経営者としての大切な仕事だと思っていたのだ。

さて、日本中の注目を集めたこの法廷闘争。法曹界のエキスパートたちから意見書を集め、名うての弁護士も用意して挑んだ第一審。

3月11日の判決では、新株予約権発行の差し止め仮処分が決定した。続いて3月23日には東京高裁も、ニッポン放送側の抗告を棄却。

つまりライブドアが勝利を収めたのだ。

押し寄せる仲介者たち

このニッポン放送買収騒動の間、実に様々な人に会った。

幾人かにはこちらから味方になってもらおうとお願いしたけれど、多くは自分が仲介に入るだの、和解への道を付けてやるだのと言って、頼んでもいないのに押し掛けてきたのだった。

もちろんニッポン放送やフジテレビの人たちとも水面下で会合が行われた。

でも僕は結局誰の言うことも聞かなかった。その後の自分の人生を思えば、それが正しかったのかどうかは分からない。まあ正しさなんて相対的なものにすぎないので、最初からあまり拘っていたわけではない。自分が経営者としてやるべきと信じたことに従ったまでと言えば、格好良く言い過ぎだろうか。


フジテレビの日枝久会長とは何度かお会いした。

初めて会った日、僕は部下の結婚式の帰りで、タキシードを着てかなり酔っぱらった状態だった。日枝氏はこれも堀江の作戦なのかと思ったという話もあるけれど、単に急に決まったアポだったので、やむ無くそうなってしまっただけの話。

僕はそんな小芝居が打てるような器用な人間ではない。

その日、日枝氏から「無条件で株を売ってくれ」と求められたが、こちらとしてはもちろん「なんで売らないといけないんですか?」である。

僕と日枝氏の話し合いの中でなにかが決まることはなかった。

フジサンケイグループの前の社長で亡くなった鹿内信隆氏の義理の息子である鹿内宏明氏とも会っている。

ここでは詳しくは書かないが(知りたい人には中川一徳氏の著書『メディアの支配者』をお

すすめする)、そもそもニッポン放送とフジテレビの資本のねじれ構造は、鹿内家の企てに端を発している。

僕としてはフジテレビ内部に精通している鹿内氏にこちらの味方になってもらうようお願いに行った。しかし彼が具体的になにかの行動を起こしてくれることはなかった。

それとサウジアラビアのカフジ油田を掘り当てたアラビア太郎(山下太郎)氏の息子であり、財界のフィクサーと言われる人物とも会ったが、やはり「買った値段で売りなさい」ということで、すぐに断った。

ある本では、彼が和解を仲介したということになっているけれども、それは事実とはまったく違う。

その他、産經新聞社経営幹部のとある人物の仲介者を名乗る人から、その人物に良いポストを用意してくれるならば、ライブドアの味方になってもいいという連絡もあった。産經新聞はライブドアがニッポン放送株の大量保有を公表した翌日の朝刊で、論理の口の字もないようなくだらない社説を掲載した新聞である。僕は、結局そのオファーを無視してしまった。

そのように登場した彼らの話に従っていたならば、後の僕の人生は変わっていたのかもしれないと思ったことがある。でも僕はその選択をしなかったのだ。

当時は右を向いても左を向いてもフィクサーがいるような状態で、誰とどのような話をすれば有利になるのか皆目見当が付かなかった。そういう旧来の日本社会を動かすものと闘うのが自分の使命と思っていた節もある。

服役を終えた今となっては、それもどうでもいいことなんだけど。

ニッポン放送側にもやはり様々な援軍が現れたようで、その代表的存在が「ソフトバンク・インベストメント（ＳＢＩ）」の北尾吉孝氏である。

3月16日、ライブドアはニッポン放送株の約半数を押さえることに成功したのだが、その後、突然北尾氏が「ホワイトナイト」として登場するのである。

「株式市場の清廉なる地下水を汚す堀江氏は許せない！」

などという意味不明な言葉で僕らを罵倒したり、ＳＢＩとフジテレビとニッポン放送の３社共同で２００億円のベンチャーキャピタルファンドを設立したり、しまいには、ニッポン放送所有のフジテレビ株35万株強（13・８８％）をＳＢＩに5年間貸し出すというフジテレビのおかしな行為などを先導した。

この北尾氏、実はかなりの曲者なのである。

ライブドアが株式１００分割を発表した直後、会社に無理矢理押しかけてきたことがあった。もちろん初めましてである。

彼は開口一番、

「君は天才だね、１００分割なんて誰でも思いつくものじゃない」

と言うのである。さらには、

「SBIとライブドアで株式を持ち合おう。5%ずつ新株を発行してお互いが増資を引き受け、それを市場で売却して得たお金で共同のファンドを作ろう」

と持ちかけてきたのだ。

ファンドの運営をSBIが行って、その手数料で儲けたいという魂胆が透けて見えたので、「検討してみます」と言ったまま放っておいたのだが、そんな北尾氏が僕らのことを「株式市場の清廉なる地下水を汚す」と言うのである。

おかしすぎて言葉もない。

こんな魑魅魍魎《ちみもうりょう》が跋扈《ばっこ》するほど、この騒動は日本経済の中心にある出来事と捉えられていたのだ。

それは苦すぎる和解だった

6月に行われるニッポン放送の株主総会では、僕らが経営陣の過半数を送り込めることが確定していた。

その対抗策としてフジテレビは、ニッポン放送の社員を別会社に大量異動させるだろうなどと報道されたけれど、こちらとしては「どうぞ、どうぞ」という感じであった。

ニッポン放送の動きは最初から気にしていない。問題はフジテレビ株の動向なのである。

ニッポン放送経営陣はＳＢＩにフジテレビ株を長期で貸株していた。１０００億近い価値を持つニッポン放送の重要資産の貸し出しを、株主総会の承認を得ずに決めてしまったのである。これは大いなる問題で、法廷闘争に持ち込めば無効になる可能性はあった。しかし１００％無効になるかは分からないし、法廷闘争が長引く危険性もあった。

なにも僕らはゴネ続けたいと思っていたのではない。ニッポン放送株を少しでも高くフジテレビに買ってもらおうとしているのでもない。

最初から言っているように、友好な関係を築いて業務提携することを望んでいるのだ。フジテレビのコンテンツを奪うのではなく、そこにライブドアのＵＲＬを貼り付けたいと言っているだけなのだ。それなのに、

「具体的な提携の仕方が分からない」

などという答えが返ってくるばかりで、話は前に進まない。

局面を打開したいので、その具体案を資料にまとめて提出もしたのだが、今度は、

「思いつきのレベルに過ぎず、現実的なものではない」

という反応である。ふざけんなよという話だ。

そもそもこの買収案件に関わっているニッポン放送、フジテレビの人たちは、みなネットのことをよく知らないおじさん（おじいさん）たちなのだ。

しかし社員全員がそうではなく、現場には若くて優秀で、ネットと放送事業との融合につい

て本気で考えている人もいる。事実、別の機会に会っていたフジテレビの社員の中には、テレビの将来を本気で憂えていて、一刻も早く変わらなければいけないと主張している人もいたのだ。

ネットの専門家である僕らと、ラジオやテレビの将来を担う社員たちとが、一緒に話しあっていけばいいじゃないか。

僕が何度も「これからのことは話しあって決めていきたい」と言っていたのは、株式や経営体制だけではなくて、どんな魅力的なビジネスが生み出せるか建設的な議論をしていきたいという意味だったのだ。

この意図がいつまで経っても伝わらず、僕らはイライラしはじめた。

ビジネスである以上、いつまでも同じ地点で押し引きしているのは単なるロスである。

もうこれはフジテレビ本体の株を狙うしかない。

それには莫大な資金が必要だが、資金調達方法にはすでに計画があった。

村上氏などライブドア株の増資に応じてくれる株主もいるし、ＬＢＯ（レバレッジド・バイ・アウト）という方法だってあるのだ。

ＬＢＯとは買収先の資産や今後生み出すであろうキャッシュフローを担保として資金を調達するＭ＆Ａの手法である。

僕らがＬＢＯも検討しているという情報が、どこからかフジテレビ側に流れたらしい。彼らは僕らがまだまだ本気で闘おうとしていることに恐れを抱いているようだった。

そう、僕は俄然強気で勝負に出るつもりだったのである。

しかしライブドア取締役たちの意見はそうではなかった。

特に財務担当の熊谷氏はフジテレビ担当役員と何度も会合を重ねて、和解への道を模索していた。彼としてはリスクヘッジのつもりだったのかもしれないが、あとはお金の話という方向で解決させましょうという姿勢が垣間見える軟着陸は、なんの解決にもならないだろうと僕は思っていた。

当初はとことんまで闘うと宣言していた宮内氏も、ニッポン放送株を売却してどれだけの利益が出せるかと試算し始めていた。

彼らが悪いということではない。このニッポン放送株に財務チームの時間も資金も集中させていたので、他の買収案件がすべて棚上げになってしまっていたのである。それはそれで大きな損失を生む可能性がある。

またリース会社からデータセンターのサーバーのリース継続を拒否されるなどということもあった。

社員たちもまた切迫した状況に追い込まれていたのだ。

「ちょっと、社長、いいですか」

ある日、会社で取締役たちに声をかけられる。

「これ以上続けるのなら、全員反対にまわりますよ」

つまり闘い続けるというなら、社長を解任されると覚悟してくださいということだ。

「ここで諦めるしかないのか……」

僕としては彼らの提案を受け入れて、撤退するしか選択肢がなかった。

最終的には熊谷氏が中心となってフジテレビとの和解案を詰めていき、和解会見は4月18日にお台場のホテルで行われた。日枝氏やニッポン放送の亀渕昭信社長と握手をして写真撮影をしたけれど、内心では実に不本意な結末だと苦々しく思っていた。

フジテレビはライブドアの持つニッポン放送株全部を買い取るとともに、ライブドアの第三者割当によって440億円分の株式を取得。これによりフジテレビはライブドア株の12・75%を持つ大株主になった。

確かに金銭的には悪い取引ではなかった。しかし業務提携という点ではなんの決定権ももたない形で終わったことを考えれば、僕の中でこのディールは失敗なのである。

試合には勝ったことになるのだろうか。しかし勝負には負けたのかもしれない。

一世一代のディールとしてはなんとも歯切れの悪い結末だった。

第十章　衆議院選立候補

ある日、突然、「選挙に出たい！」

政治家になって本気で日本を変えようと思っていた。

きっかけは小泉首相の演説を聞いて感動したことだ。

あの自信に溢れた歯切れのよい口ぶりはもちろん、郵政民営化をして公務員20万人程を一気に減らすという素晴らしいアイディアに、これからの日本のリーダーの理想を見ていた。

この人なら日本を変えてくれるかもしれない。

ある日、ＣＭ撮影の待ち時間に携帯画面を見ていたら、その小泉純一郎首相が郵政民営化の是非を問う選挙をすると出ていた。

「選挙に出たい！」

そんな気持ちが急激に高まってきて、いてもたってもいられなくなってきた。

隣にいたライブドアの広報戦略を担当していた園田崇執行役員にこの気持ちを伝えると、

「出ればいいじゃないですか」

という反応である。

「え、本当に出ようかな」

僕はその場で出馬の意思を固めてしまった。

小泉氏も首相としてもう二期目だった。彼は郵政民営化を成し遂げたら、辞めてしまうのではないかと思っていた。辞めた後、彼の構造改革路線を引き継ぐ人は誰かいるだろうか？

安倍晋三氏が継承者だとの声もあったが、抵抗勢力が盛り返してきて、構造改革はなし崩し的に立ち消えになってしまうに違いない。

僕が国会議員になる。いや首相になって小泉首相の跡を継ぐしかないな。

本気でそう思っていた。

これが05年8月のことである。

選挙に出るために、会社の実務は宮内氏をはじめとした経営陣に任せることにした。そして僕はどこからどのような形で立候補するのか検討を始めた。

僕の出馬の理由はこれ以上ないくらいに明確だ。小泉首相の改革路線を支援するためである。まずは自民党に連絡してみたところ、武部勤幹事長と二階俊博総務局長と面談をすることになった。

出馬への思いを説明すると、話はトントン拍子に進んでいった。

しかし民主党の話も聞いてみたいと思った僕は、以前から面識のあった岡田克也代表にも会いにいった。

そうすると岡田氏は郵政民営化には断固反対、構造改革を進める気もないという。それでは選挙にも勝てないし、僕がやりたいこととも正反対である。

ではやはり自民党から出馬しよう。

自民党に「公認がほしい」と要請したのだが、党内部では僕を擁立することに反対している人もいるようだ。

そして僕は、当時小泉首相の秘書官をしていた飯島勲氏と面会することになった。

飯島氏は、自民党の公認を与えるためにはいくつか条件があると切り出してきた。

全部は覚えていないのだけれど、もっとも紛糾したのは、「ライブドアの社長を辞めろ」というものだった。

「いや、それはできませんよ！」

もちろん当選したら、今までと同じようには働けないかもしれない。しかし僕が社長を辞めたら、株主や利害関係者に対して、なにかあった時に責任が取れなくなる。

「会長になるというわけにはいかないんですか？」

「なにわけの分からないこと言ってるんですか？　それに意味があるんですか？」

「辞めないんだったら公認はやれない！」

「辞められるわけないじゃないですか！」

お互いの声のボリュームは高まり、最後には怒鳴り合いのような形になってしまった。

「じゃあ当選したら公認をやろう」

「じゃあ、当選してやりますよ」

僕は無所属として出馬し、自民党は側面支援をするということで話はなんとか着地した。

飯島氏や自民党内の反対勢力は、僕が出馬することが、プロ野球に新規参入したり、放送局買収に名乗りを上げたりするのと同じようなノリだと思ったのだろうか。これでまた話題になって、会社の知名度を上げようと目論んでいると勘違いしたのだろうか。

確かに面白そうだし、僕にできそうだという意味では似ているのかもしれないが、一つ明らかに違うのは、これは僕にとってはビジネスではなく、ボランティアのような感覚なのだ。

国会議員の給料なんてたかが知れているし、そこで得る利権なんてものに僕はまったく興味がない。単純にやるべきこと、やりたいことがあるから出馬するのである。このままでは小泉首相の跡を継いで構造改革を推し進める人は誰もいなくなるので、僕が立とうとしているのだ。

彼らにはそれが理解できないのである。なぜなら国会議員は偉くて、特別な存在だと思っているから。それに比べたら一企業の社長など、いつでも辞められる、大したことがない立場だとでもいうのだろう。

ここも「老害」的な世界であった。しかしここで引くわけにはいかない。

僕はこの「老害」日本を根底から変えるためにも、国会議員に、首相になってやるのだ。

首相になってやりたかったこと

今になってもまだ、この時の出馬はネタだったとか、ふざけていたとか、お祭り騒ぎしたいだけだったと誤解されている節がある。

人がどう思おうが関係ないのだけれど、せっかくなので、その時、僕が日本をどう変えたいと思っていたのかをここに簡単に記しておこうと思う。

小泉首相の構造改革を引き継ぐつもりだったことは既に書いたとおりだが、その他にも具体的な改革案をいくつも持っていた。

僕は国家のシステムを徹底的に解体してコンパクトにすべきだと考えていた。つまりは小さな政府の実現である。

まずは公務員の大幅な削減。自治体の合併によって広域化をはかること。自治体が合併すれば、職員数も大幅に削減できる。ＩＴ技術が進歩しているので多くの定形作業はネット化、自動化できるはずで、昔と同じだけの人員なんて必要なはずはないのだ。

さらに県を道州制で廃止する。そうすれば広域市と道州だけになり職員を一気にリストラできる。

それだけではない。自治体業務をどんどん民営化していくのだ。下部組織である天下り団体も多くを整理して株式会社などに再編。任意契約を原則廃止し完全入札制にするのである。国の機関も同様である。各省庁から必要のない業務を早く減らして民営化すべきである。その象徴が郵政民営化だったはずだ。特殊法人なども株式を順次売り出して、全部民営化すべきだ。

政府系金融機関なども同様で、潰すべき企業はさっさと潰して延命させない方が社会のためだろう。それ以外にも国立大学法人など自立できそうなところは自立を促していく。省庁も規制緩和を進めていけば減らすことが可能だ。極論を言えば防衛や警察、外交、公取などの機関以外は民営化しても困らないだろう。

このような制度改革を行えば確実に公務員からクレームがつくだろうが、公務員にも早期退職制度を設ければいい。

言うは易し、と思われるだろうか。たしかに今のままの国会、そしてそこで首相が選ばれるという形では難しい。

僕は首相を直接選挙で選出すべきであると考えていた。

地方自治体の首長が直接選挙で選ばれているのに対して、日本の首相が国会議員の互選で選ばれるのもおかしな話だ。

地方自治体の首長は任期をまっとうする確率が非常に高く、同時に強い権限を持っている。

それに比べて首相はどうだろう。

いくら首相になっても党内の求心力がなくなると、首相の座から引き摺り下ろされるというのであれば、長期的な政策を打ち出しにくい。また議員たちの選挙活動と密接に関連し合うが故に、衆愚政治にも陥りやすい。

直接選挙で選ばれた首相には任期4年程度の大統領的なポストを作って、じっくりと腰を据え、一つでもいいから重要な問題解決に当たらせるべきである。

その他、国会のあり方、税制、外交についてもこうすべきだという明確な施策を持っていた。「金儲け」のことばかり考えていると言われていた僕であるが、真剣に日本という国の形をシミュレートしていたのだ。というか、世界基準で考えれば、こうした方がいいに決まってるのに、この国の馬鹿な政治家たちはなにをやってるんだ、という憤りのようなものもあった。

僕の主張と現状とがかけ離れていて、リアリティがないという反論もあったけれど、誰かがいずれ変えないことには、この国は生き残っていけない。そして変える時に重要なのはスピードである。これはビジネスと一緒だ。

今、みんなが当たり前だと思っていることを変える。それができっこないとか、大変だと言っていたら、現状はいつまでも改善されない。本当によくしたいのであれば、やるべきことは決まってくる。それをやらないのは単なる怠慢、思考停止だ。個人でも会社でも国家でもみんな同じ。なぜこんなシンプルなことが分からない人が多いのか、未だに謎である。

選挙ってこんなに面白いなんて

僕が出馬することになったのは広島6区である。

元自民党の重鎮である亀井静香氏の地盤があまりに強固で、自民党も対立候補を立てても歯が立たないと思われていた選挙区だった。

もともと僕自身は広島に特別な思い入れがあったわけではない。「空いてる選挙区は?」と自民党に問いあわせたところ、紹介されたのは大阪や福岡などの大都市の選挙区だった。その中で広島6区がたまたま目についたのである。

広島6区にある地元の造船会社の経営者一族と以前から交流があり、海沿いのリゾートホテルを拠点に選挙活動が出来るというメリットがあった。またライバルとなる亀井氏は郵政民営化反対の急先鋒、ここで倒しておくべき人物である。彼に勝てば選挙に強いというイメージも出来上がるだろう。

僕は広島6区選挙区から出馬することにした。

自民党がどこまで計算していたのかは分からないが、結果としてこの選挙区は全国で最も注目を集めることになった。

旧態依然とした政治家VS堀江貴文。分かりやす過ぎるぐらいの図式である。

プロ野球参入やニッポン放送買収が、ビジネスの一案件を超えた世代間抗争に発展したように、ここでもやはり僕は、旧世代の権力の象徴と戦うことになった。

亀井氏が相手ということで、「分が悪い」とか「他の選挙区を選べなかったのか」と言う人もいた。しかし僕自身は亀井氏を潰さなければ、せっかく走り出した構造改革が元に戻されてしまうと思っていたのである。

あえて彼と戦い、勝利を収め、彼に引導を渡すのが自分の使命とすら考えていた。

その後の構造改革が後退しているような状況を見ても、ある意味この選挙は、天王山の戦いだったのだ。

さて、激動の選挙戦が始まった。期間は約1カ月。

地元の熱狂ぶりは、それはそれは凄まじいものだった。

新幹線を乗り継ぎ、山陽本線でJR尾道駅に降り立ったのだが、どこでどう知り得たのか、僕のことを一目見ようと集まった人で駅前はごった返し、道を通ることすらできなかったくらい。

朝から晩まで選挙区をまわり、分刻みで演説を繰り返す。

応援してくれている人と握手をして、サインをして、写真をとって。

これを毎日毎日繰り返すのである。

まだインターネットを使うのが禁止されていた時代だ。とにかく体力勝負のドブ板選挙をするしかない。

実際に体験してみると、選挙の制約はなかなかに凄いものがあった。

選挙事務所でお客さんに出すお菓子についても取り決めがあったし、スタッフと食事をする際も、「頑張ってくれたから、今日は僕がご馳走します」なんてことは決してやってはいけないのだ。だからいつも割り勘。

しかしそんなことよりも大事なことが分かったのである。

選挙って面白いのだ。

お祭りの神輿にたとえるのが分かりやすい。神輿に乗る者、神輿を担ぐ者、神輿を見ている者の3者のうち、もちろん一番面白いのは神輿に乗る者だ。だが担ぐのも、場合によっては乗るのと同じくらい面白いものなのだということが、スタッフの様子から伝わってくる。

「絶対に勝つんだ」

一つの目的のために、一丸となる。1票でも多く集めるために、やるべきことを力のすべてを使って行う。みんな真剣そのものだ。

この時のスタッフたちとは今でも交流があるのだが、彼らはみなこう口にする。

「人生の中であんなに一生懸命になれた時間はないね」

それぐらいハードだったけれど、充実感のある日々だった。

四六時中カメラに監視されていたけれど、どこへ行ってもありがたいことに沢山の人たちがいてくれた。腕がちぎれそうなほど手を振った。握手はいったい何人としたのだろうか？

季節は夏真っ盛り。炎天下の中を汗でドロドロになりながら走り回った。

自民党幹部も応援に駆けつけてくれて、お祭りのような盛り上がりの中で、僕は演説用のマイクを握った。

「初めまして堀江貴文です。僕は日本を変えていきたいと思っています」

その声は、確かに届いているような実感があった。

「ホリエモン、がんばれー」

熱い声援を受けて、僕は本当にこの広島6区から日本の将来を変えてやると思っていた。

惨敗

選挙事務所に大きなため息がこだました。

亀井氏11万票に対し、僕が獲得したのは8万4000票。

「敗けた……」

大善戦と言われればそうなのかもしれないが、負けは負けである。

狭い事務所にスタッフやマスコミがすし詰め状態で集まっている中、僕はみんなに最後の挨拶をした。

「力及ばずに、どうもすみませんでした。そしてここまでありがとうございました」

自然と涙がこぼれてきた。悔しくて悔しくてどうしようもなかった。

投票率は全国一位の79・57％だったのだという。それほど有権者の注目を集める選挙だったわけだが、負けてしまってはどうしようもない。

政治家という道は絶たれた。

僕が日本を変えてやるんだと意気込んで始めたこの選挙戦。最後の最後までその意識で戦い抜いてきた。

しかし選挙区で毎日さまざまな有権者に会い、言葉を交わすうちに、僕の中になにか少し変化のようなものが生まれていた。

僕が日本を変えると口にする時に思い浮かべていたのは、主にこの国のシステムだった。それはもちろん間違いではないのだけれど、僕が変えていくのはこの国を生きる人々の生活そのものなのである。

炎天下でワイシャツを汗だらけにして演説を聞いたサラリーマンの、ベビーカーを止めて握手を求めてきてくれた主婦の、山間部に暮らす陽に焼けた農家のおばあちゃんの生活なのである。

当たり前の話だけれど、人がいなければ国もない。目の前に人が確かにいて、その人はその人の人生を精一杯生きているのである。この事実を身をもって感じることができた。

政治家にはなれなかったけれど、僕は僕の仕事で、彼ら一人ひとりの人生に関わっていけるはずだ。彼らの生活を変えていけるはずだ。

悔しさは確かにあるが、そんな感情に支配されているような暇はない。

僕は東京へ戻った。

経営者として急いできた理由

久しぶりに六本木ヒルズの会社に出社し、自分の椅子に腰掛ける。

1カ月ほど留守にしていたけれど、会社は相変わらず熱気に溢れていた。

広いフロアに溢れるほどの社員たちは、今日もそれぞれに与えられた仕事を必死でこなしている。彼らは本当によく働いてくれる。成果が出ればその分だけ給料も上がり、同時に歩調を合わせるように会社は成長していくのだ。

株価は僕とライブドアの知名度が上がるとともに上昇を続け、高いところで安定しようとしていた。これは一時の人気ではなく、この会社の実態や可能性がようやく世間に認知されたことを意味している。

買収案件もずいぶんと舞い込んできているらしい。どうせ身売りするならライブドアがいいというイメージができているとしたら、これまでの僕の数々の判断が間違っていなかった証拠だ。

会社の経営者としては、すべてにおいて順調と言ってもよかったかもしれない。

しかし僕にはその状態を維持したいなんて気持ちはまったくなかった。

「あと2、3年が勝負だ」

僕はこの時、そう考えていたのだ。

インターネットはもうだいぶ普及してきた。そのお陰で僕らの生活は飛躍的に便利になったし、誰もが世界中の人とコミュニケーションを取ることが事実上可能になった。ライブドアは日本において、その発展に少なからず貢献してきた。そしてこれからも、そう、広島の選挙区で出会ったような一人ひとりの顔を思い浮かべれば、もっとやれることはあるだろう。

しかしそれとは別に、僕にはまだ経営者としてのミッションが残っている。

「ライブドアを世界一の会社にする」

上場の直後に立ち上げたこの目標に、本格的に向かわなければならない。ちなみにこれは単なるイメージとしての世界一ではなくて、経常利益世界一の会社という意味である。そのために僕らがやるべきことはなにか。

それは今でいうところのiPhoneのようなスマートフォンを作ることだと確信していた。

05年頃のこと。コンピューター関連のカンファレンスで基調講演をした僕は、スマートフォンの登場を予言している。

当時はAppleの音楽プレーヤーiPodが普及し始めていた頃。その時に僕が思っていたのは、とにかく持ち物を一本化したいということだった。iPodに携帯電話、財布にデジカメにパソコンまで。こう持ち物が増えては便利なのかそうじゃないのかよく分からなくなる。

これら全部が一つのものに収まるようなもの、Wi-Fiも使えるコンピューターでありながら電話でもあり、音楽プレーヤーでもあり、カメラでもあり、財布としても機能するもの。そして持ち運びが携帯電話くらいに小さくて楽なもの。

そういうものが世界を席巻するはずだと思っていたのである。

そしてそれを世界のどの会社よりも早く開発して売り出すことこそ、ライブドアが世界一の会社になる唯一の道だと考えた。同じことを考えている人は世界中にいるはずだから、おそらく2、3年の勝負である。

さて、それを少しでも早く作れる技術力がある会社はどこだろうと考えた時、真っ先に浮かんできたのがソニーである。

ソニーは世界に通じるブランド力を有しているし、音楽・映像のコンテンツも必要となると、ウォークマンが培ってきた、音楽プレーヤー＝ソニーというイメージも好都合だ。

「ソニーだったら買える」

幸いライブドアにはニッポン放送の一件で得た1000億円の軍資金があった。

宮内氏はそのキャッシュをボーダフォンの買収に充てようとしていたが、いやいや、そんな小さな仕事をやってもどうしようもない。もう僕らは世界一のために動かなくてはいけない時期なのだ。

僕らが持っているキャッシュ2000億くらいと、さらに社債で3000億から4000億の自己資金を用意する。そこに村上ファンドから何千億かを集めて加えると1兆円弱になる。さらにLBOファンドで借り入れすれば、ソニー株の60%は狙える計算だった。

ソニーとライブドアを合併させることでライブドアブランドを捨てる。新生ソニーはiPhone的端末を作ることに特化した会社に生まれ変わる。その新商品は世界中で爆発的に売れて、僕らは世界で一番利益を上げる企業体になるのだ。

同時に人々の暮らしはその商品のおかげでさらに便利で快適になる。

ゴールは見えていた。

ライブドア内でこの話をすると、「また夢物語を」という顔をする社員もいたのだが、僕にははっきりとゴールとそこまでの道筋が見えていた。

僕はずっとそうやってきたのだ。

インターネットと出会った時から、なんでみんなこんな便利なものがあるのに使わないんだろうと感じてきた。メールってこんなに楽なのに、まだファックスだなんて馬鹿なんじゃないの？　と思い続けてきた。

でも嘆いても文句を言っても仕方ないから、「こんなに便利なんですよ」ということを繰り返しながら、みんながそれを使わなければならなくなるような状況を作り、誘導していくのが僕の仕事だった。

言ってみれば僕の頭の中にある未来のビジョンを現実にインストールする「作業」を、ただただ繰り返しやってきたのだ。

だが、それは「作業」であるから、それほど刺激的で楽しいことではない。

僕は2、3年の間にライブドアを世界一の会社にするための道筋を付け終わったら、次にはまた僕自身が夢中になれる、新しい魅力的なビジネスに乗り出したいと考えていたのだ。

それは宇宙ビジネスである。人類を定常的に、安価で宇宙に運べるようにする事業への着手であった。

国家主導の宇宙事業開発ではなく、民間主体で開発すれば、コスト面でも現実的な形が提示できるはずだ。

ソニーを買収しライブドアを世界一にして、僕は宇宙事業へ乗り出す。

インターネットから宇宙へ。

それは僕の中ではあまりにも明確に見えすぎているくらいの、まるで現実のような未来だった。

第十一章　ライブドア事件

地検が会社にやってきた

「ご無沙汰してます、堀江さん」

05年も押し詰まった12月のある日のこと。

事件は1本の電話から始まった。

電話をかけてきたのは以前、ライブドアでソフトウェア事業部担当執行役員副社長をしていた加藤智裕氏だ。

「おお、どうしたの加藤君」

加藤氏は心労で体調を崩して、しばらく前に会社を辞めていた。

「いや、この間、検察庁に呼ばれたんです」

なぜ突然、検察庁の話なんだろう。

「え、それって僕になにか関係あるの？　もしかして、うちの会社のことなにか聞かれたの？」

「赤字会社の買収について聞かれました」

赤字会社の買収なんてあっただろうか？

「なんて言ったの？」

「よく分からないと言いました」

「もしかして騙されたんじゃないの？　名刺とかもらった？」

「いや、もらってないです」

これは怪しいぞ。何者かが加藤氏の体調不良につけ込んで騙そうとしているのかもしれない。彼自身もなにがなんだかよく分からないというふうだった。

変な電話だなあと思いつつも、別段気に留めることもなく、数日が過ぎていった。

年末のうちに、とあるイベント会場で彼と直接、顔を合わせた。

「このあいだ検察庁とか言ってたの、どうなった？」

「いやあれから連絡ないんですよね」

そうなのか。やっぱり加藤氏は騙されたのか。それとも、もしかしたら彼の心の調子が悪くなっているのかもしれないな。内心そんなことまで思っていた。

念のため社内の宮内氏や熊谷氏に、身の回りで同じようなことを聞かないかと確認したが、彼らにはどこからもそれらしき話は入っていないという。

「一応、中田先生に聞いといて」

ヤメ検の顧問弁護士に様子を聞いてもらうことにした。これも念のため。

そのまま慌ただしく新年を迎え、忙しく働き続けているうちにいつの間にか正月ムードも抜け切った頃である。

1月16日、月曜日。事件は起こった。

市場が引ける午後3時の少し前だ。

「社長、大変です！」

広報担当者が僕の席に駆け寄ってくる。

パソコンに向かっていた僕が目線を上げると、彼女は青白い顔をしていた。

「NHKで地検がライブドアに家宅捜索に入ったって言ってます」

なんじゃそりゃ？　しかもなんでNHK？

「地検に確認して！」

その場で東京地検に電話をさせたところ、「そんな予定はない」との一点張りだ。地検がそう言うんだから、これはガセネタじゃないのか。

「NHKに抗議しろ！」

NHKにも連絡するが、事態はよく分からないままだ。

「なんなんだよ、一体」

報道されるというからにはなにかあるのだろうか。しかし当事者である僕らが、ニュース経由で知るなんてことがあるのか。そもそも東京地検がライブドアになんの用事があるというのだ。

仕事は手に付かないが、かといって外出するわけにもいかない。

苛立ちばかりが募っていたところに、彼らは突然やってきた。

NHKの第一報から3時間あまり経過していた。外はもう暗くなっている。

彼らは入ってくるや否や、これから強制捜査を開始すると一方的に告げると、まずは僕らのパソコンを押収しようとしてきた。

「やめろよ、今、仕事してるんだ」

彼らの強硬な態度からすると、どうやら押収は免れないらしい。僕は社内のプログラマーに新しいパソコンを調達しフルバックアップしてくれるよう頼んだ。

検察は証拠隠滅を恐れてか、一刻も早く押収したがっていたが、そこは僕も譲れない。

「ふざけんなよ！　これがなくなったら仕事できねえだろうが。このバカ！」

訳が分からないので、余計に腹が立ってしかたがない。

「令状、見せろ！」

一人がごそごそと令状らしき紙を取り出したのだが、一瞬かざしただけで、すぐにしまおうとする。

「ちゃんと読ませろよ」

そこにはマネーライフの株価を株式100分割をして不正に吊り上げて……などと書いてあ

るではないか。

なんじゃそりゃ?

風説の流布、偽計取引などという言葉もある。

周囲に聞いてみるとどうやら疑われているのは、ライブドアファイナンス周りのことらしい。

宮内氏がどこにいるのかと聞くと、中国・大連に出張中だという。

なに一つ分からないまま、捜査の進展を見守るしかないのか。

「さっぱり分からないんですけど、なにを調べてるんですか?」

チームのボスらしく見える人間に声をかける。

「いや、それは言えません」

おいおい、勝手に人の会社を荒らしておいて、言えないはないだろうが。彼らは黙々と社員のパソコンや書類を押収していく。

「いつ終わるんですか、これ」

「まだ当分かかりますね」

勘弁してくれよ。

検察は僕の自宅はもちろん、なんと元彼女の家をも捜索しているという。

「おい、いい加減にしろよ!」

なにがなんだかさっぱり理解できない。あまりにも予期せぬ事態だったため、ただただ戸惑うことしかできなかった。

野口氏の自殺

マスコミはまるで僕のせいで死んだというような報道をした。

「ホリエモンの側近、自殺」

強制捜査から2日後のことである。

事件からこれほど時間が経った今ですら、まだ野口氏の死に僕が関与していたと思い込んでいる人がいるようだ。なんとも恐ろしい。人の誤解を解くのは本当に困難なこと。一方で誤解を植え付けるのはいとも簡単だ。

僕にはなぜ彼が自殺したのか皆目、見当が付かなかった。

この知らせを聞いた時、「宮内さんは大丈夫かな」と心配になって彼のところに駆けつけたのだが、それにもさしたる理由はない。

野口氏を会社に連れてきたのは彼だったし、野口氏退職後も、繋がっていることは知っていた。だからといって宮内氏の心配までする必要はないのかもしれないのだが、僕はやはり、かなり狼狽《うろた》えてはいたのだと思う。

その時は宮内氏もなぜ彼が死んだのか分からないと言っていた。

故人のことをとやかく言いたくはないのだが、まずこの野口氏は決して僕の側近などではなかった。

もともと国際証券の引受部でオン・ザ・エッヂの担当をしていたのが野口氏だった。上場への準備を進めている最中に、その野口氏を宮内氏が引き抜いた。宮内氏はその際、上場した暁には投資子会社を作るという口約束をしていたらしい。このあたりのことは第六章でも書いた通りだ。

僕は反対したのだが、宮内氏の強硬な態度に押し切られる形で、子会社キャピタリスタは設立され、野口氏はその社長の座に就いた。

しかし低迷する証券市場のあおりを受け業績は悪化、エイチ・エス証券の社長からの誘いもあったらしく、野口氏は会社を辞めていった。表向きの理由は「持病の心臓病の悪化」である。

しかし僕のもとにはエイチ・エス証券で相変わらずキワドい商売をしているという噂が届いていた。

野口氏は僕の側近どころか、むしろ逆臣に近い。確かに宮内氏は側近と言える存在だが、野口氏と僕とはもうほとんど付き合いがなかったのだ。僕には会社を辞めた人間と仲良くするような理由も、暇もない。

しかし宮内氏は隠れるようにして親しい付き合いを続けていたようで、僕はそれをよく思っていなかった。

自殺者まで出してしまったことにされたライブドア事件はこれ以上ないほど世間の注目の的となる。

僕のマンションの玄関には報道陣が常時何十人も張り付いている状態で、同じ六本木ヒルズ内にある会社に行くだけでも裏の動線を使って、地下駐車場から車に乗ってまた地下駐車場へと移動しなければならなかった。

少しでも僕の姿が見えようものなら、シャッター音の嵐。レポーターもなだれ込むように駆け寄ってくるのである。

テレビを点ければ僕の悪人面が映っている。新聞にも毎日関連記事が掲載されていた。

僕らはこの報道を通して、自分たちがどのような容疑をかけられているのかようやく理解できるようになっていた。

問題は会計的な、そして非常に専門的な解釈にあるようだった。

世間では「暴力団との関係」「脱税」「海外でマネーロンダリング」「インサイダー取引」などと騒がれているが、もちろんそんなことは一つも身に憶えはないのである。

ライブドア株大暴落

強制捜査以来、マスコミの報道はこれ以上ないほど過熱していた。

そこではライブドアと僕は完全に悪者である。

悪に手を染めたベンチャー企業。金に目が眩んだ拝金主義者。

強制捜査が入った時点で、有罪判決が下されたような扱いだ。

当然のごとく市場は反応し、ライブドア株は大暴落する。

東京証券取引所はシステムがあまりに脆弱ですぐにストップ。よくもこんなお粗末なシステムで世界有数の証券取引所を運営していたものだ。

ここで「マネックス証券」がライブドアの株式の信用担保価値をゼロにするという暴挙に出る。それだけではなくライブドア関連銘柄の信用担保能力までゼロにしたのである。まだ家宅捜索が入っただけなのに!

あれだけ報道されれば、確かに会社が潰れると思うのかもしれない。こちらとしては充分なキャッシュがあるので、そんな心配はしていなかったのだが。

ただしライブドア証券だけは、やばいと思っていた。証券で信用取引をしている人たちが一斉に取引をやめたり、決済したりする時に、一時的に莫大な資金が必要になる。一時は日銀特融をお願いしようと考えたくらい、ライブドア証券の資金は枯渇していた(結局は本体からの融資でなんとか危機を免れた)。

現実にはそうだったのだが、株価は下落し続けた。

ライブドア株大暴落の責任は、僕ら経営陣が負わねばならない。

「株主代表訴訟、来るよね」

僕らは呆然としながら話し合った。

約7000億あったライブドアの時価総額は1000億を切るところまで下がっている。

「1000億、2000億は来るよね」

「いや、最高3000億くらいじゃないの」

「そんなお金ないよね」

どちらにしても僕は経営権を失うことになるだろう。既に持株比率は18％程度であったし、僕がその時保有していたキャッシュのすべてをつぎ込んでも、34％以上も買い集めることはできない。

それでも僕らのことはまだ仕方がないのかもしれない。

問題は市場を大混乱させた上に、株主を大損させたことだ。

しかしこれについてはマスコミや証券取引所、証券会社、そして東京地検特捜部にも責任がある。

マスコミは事件報道の中に、僕が暴力団関係者と繋がりがあったとか、違法カジノで賭博行為をしていた、脱税していた、マネーロンダリングしていたなどという完全なガセネタを紛れ込ませたのである。僕を完全に犯罪者に仕立て上げようとしているではないか。

東京証券取引所のシステムがストップしたことも市場の不安感を必要以上に煽ることとなった。またその後、東証は検察が起訴した段階で一方的にライブドアの上場廃止を決定している。有罪と決まっていないのにもかかわらずだ。

ライブドア株は発行株式総数が多いから流動性には問題がないし、直前期の決算も申し分のないものである。充分な銀行預金もあるし、事業の継続性にも問題はない。仮に違法行為を犯していたとしても、投資家のことを考えたらいきなり上場廃止だなんて判断はできないはずだ。

マネックス証券の対応は前述の通り。あまりに性急な判断にすぎるだろう。

そして東京地検である。まず強制捜査が行われた曜日が問題だ。企業への強制捜査は金曜日に行われるのが一般的である。強制捜査が入った段階で市場に混乱が生じるのは必至で、その混乱を鎮静化させ、投資家に冷静な判断をさせるために、土曜、日曜のインターバルを置くのだ。

彼らがライブドアにやってきたのは月曜日の夕方である。すぐに投げ売りが続出し、これが更なる売りを呼んで、市場全体の株価が暴落した。

これはわざとなんじゃないか?

僕らを徹底的に潰そうという意思の表れだと受け取らざるを得なかった。

僕は経営責任を取って社長を辞任することになった。

後任は捜査令状に名前が載っていなかった人の中から選出した。逮捕される可能性が0%と思われる平松庚三氏を社長に、逮捕されるリスクはあるものの、マネジメントの能力が高い熊谷氏を代表取締役に。

この二人でなんとか困難を乗り切ってもらうしかない。

ライブドアを世界一大きな会社にするという僕の目標はここで見事に潰えた。

ましてやその先の宇宙事業など、口にするのすら憚られるような状況だ。

僕の夢は、プライドは、ズタズタに切り裂かれた。

なぜ僕が逮捕されるのか

会社の業務は継続しているので、社員たちそれぞれには日々やるべき仕事があった。

しかし対外的な仕事、つまり社長業がスケジュールのほとんどを占めていた僕は、急にやることがなくなってしまった。こんな状況で取引先との商談や会食などあったものではない。

ではなにをしていたのか？　会議室を一つ占拠して、連日、弁護士などと打ち合わせをしていたのだ。社内でその部屋は「容疑者ルーム」と呼ばれていたらしい。

テーブルに事件が報道されている新聞を広げて、一体なにが問題になっているのかを検証するところから始めた。

被疑事実は証券取締法違反（風説の流布、偽計取引）。金融子会社ライブドアファイナンスを介してライブドアが実質支配していた投資ファンド名義で、すでに買収していた「マネーライフ社」の企業価値を、ライブドアファイナンス社員が過大に評価。その過大評価でライブドアマーケティングとの株式交換比率を決めてしまったこと、そして事前に買収していたのにもかかわらず、それを公表しなかったのが罪だというのだ。

かなり分かりやすく説明しているつもりだが、これのどこが悪いことなのか理解できる人はほとんどいるまい。

また、ライブドアマーケティングは2004年の第3四半期に、実態は3200万円の経常損失、2100万円の当期純損失が出ていたにもかかわらず、消費者金融会社「ロイヤル信販」や出会い系サイトを運営する「キューズネット」に対する架空売上を計上し、前年中間期以来の黒字化への転換を果たしているなどと虚偽の事実を公表したことも罪なのだという。これが風説の流布。

僕らはもちろん違法行為をした憶えは一切ない。

新聞を読みながら、「マジで！」「ウソ！」「そんなわけないだろう！」と突っ込んでいるような始末だ。

僕は当然、無罪を主張しようと言っていた。

しかし宮内氏らは様子がおかしい。

「社長はいいけどさ、俺らはもう（出所する頃には）40歳を超えるから、再出発できないからね」

などと言って非常に弱気なのだ。もはや罪を認めているも同然ではないか。

なぜ逮捕されてしまうことが前提なのか、僕は宮内氏に詰め寄った。しかし宮内氏は段々、僕が話しかけてもなにも答えないようになってきた。野口氏の自殺もあって、相当精神的に参ってしまっているのだと理解するしかなかった。

僕は本当にこんなことで逮捕されるのだろうか。弁護団の一人はこう口にしていた。

「特捜部が入ったんだから確実に行くよ」

「いつ持っていかれるか分からないから、温かい格好しといた方がいいよ」

そんな馬鹿なことがあるものか。なぜなにもしていない僕が逮捕されなければならないんだ。

しかし馬鹿なことはすぐに起こった。

強制捜査から1週間後の1月23日。検察から僕の携帯に電話が入った。

「40階に来てください」

弁護士からは、電話がかかってきたら逮捕の時だと思えと言われていた。

つまり今がその時だということなのか。とりあえず親しい何人かに電話をして、しばしの別れを告げる。

心の準備なんてなにもできていないけれど、もう行くしかないのだ。

なんで僕がこんな目に遭うのだ。会社を大きくしようとしてきただけなのに。

エレベーターの中の僕に、さまざまな思いが去来する。

いったい僕のなにがいけなかったというのか。

40階の会議室では検察官が待っていた。少しばかり世間話をした後で、一人の検察官が言った。

「さあ、行きますか」

本当に逮捕されるんだ。

ここにいるのが自分であるのかどうか、判然としないような心持ちのまま、僕は検察官の後ろを付いて歩いた。

鬼の特捜部

「逮捕なんかしてんじゃねえよ！」

バーンと机を叩いて立ち上がる。

「なんでこんなところに閉じ込められなきゃならねえんだ！　死ね！　馬鹿野郎！」

独房暮らしのストレスはすべて、取り調べの検事に向けられた。

「俺を捕まえて喜んでんのかよ！」

検事は表情も変えずに黙り込んだままだ。

後になって、検事の心証を悪くしたら量刑に響くと言われたけれど、そんなことを考える余裕なんてなかった。とにかく腹が立って、今すぐここから出たいと思って、デタラメに怒鳴り散らしていた。自分をまったくコントロールできなかったのだ。

僕の担当は鬼の特捜部といわれる東京地検特捜部の副部長、中原検事であった。さぞかし怖い人が出てくるのだろうと覚悟していたのだが、中原検事の外見は普通のおじさんである。学生時代は天文部だったというプロフィールがぴったりな落ち着いた雰囲気だった。

日々の取り調べは、まず僕が力任せに怒鳴り散らし、中原検事がそれを眠っているかのように聞き流すという、まるでドラマのワンシーンのようなやり取りから始まる。ひとしきり暴れた僕が落ち着いた後、二人でだらだらと世間話をするというパターン。

相変わらずなぜ逮捕され、なぜ身柄を拘束されているのか理解できない。

検事もどういう嫌疑なのかは具体的に教えてくれない。取り調べは一向に進む気配がない。そもそも中原検事は沈黙したままの時間が多い。

中原検事の取り調べでは具体的なことは聞かれなかった。他の容疑者がなにを言っているのかも一切分からなかった。

結局、僕は自分の身上書、資格を記した書類にサインをしただけであった。

ほんのたまに、思い出したかのように事件のことが持ち出された。

「予算を作っていた丸山という男についてだが」

丸山という名前にまったく憶えがない。

「……丸山って誰ですか？」

宮内氏の下で予算を作成していたチームの一人らしいが、僕は予算については宮内氏としか話をしないので、現場の一人ひとりの名前まで把握していない。

「丸山」の件はそれで終わりになる。

「マネーライフ社の案件は携帯電話事業会社クラサワコミュニケーションズの案件のスキームを高度化させて完成させたものなんだな」

なんの話かすら分からない。

「……まったく意味が分かりません」

それ以上会話は続かなかった。

検事も僕がとぼけているのか、本当に知らないのか判別に困っているようであった。

宮内氏が僕宛に送ってきたメールを見せられたこともあったが、それもきちんとリーガルチェックを受けた案件の、まったく合法な取引についてのものだった。

事件の話に比べて圧倒的に多くの時間を割いた世間話の中で、中原検事が一番食いついてきたのは、当時ライブドアファイナンスのバイオファンドが投資していた「ユーグレナ」という会社について。

ユーグレナとはミドリムシのことで、クロレラなどに対抗しうる健康食品として開発が進められている。また高濃度の二酸化炭素環境でも生育できるユーグレナは、火力発電所などで二酸化炭素排出削減への利用も検討されている。

これらのビジネスの可能性について、ミドリムシの細胞構造の説明を交えながら話をしたところ、中原検事はとても前のめりになって聞き入っているのである。

「はあ、なるほどー」

相づちを打ちながら話の続きを促してくる。心なしか目の奥が輝いているようだ。

興が乗ってきた僕の口ぶりもどんどん滑らかになる。

そしてひとしきり話し終えた僕は、これで少し二人の心の距離が近づいたかもしれないという淡い期待とともに、中原検事の顔を改めて見つめる。

そこには相変わらずの、まるで眠っているように表情のない中原検事がいた。

まったくなにも変わっていないではないか！

この中原検事、特捜の名に違わず、ある意味、鬼だったのだ。

独房暮らしは孤独との闘い

イライラしっぱなしの取り調べだったが、拘置所にいる僕にとっていつのまにかその時間が唯一の楽しみに変わっていた。なぜなら取調室には人がいるのである。それがたとえ鬼だったとしても。

一人でいるということが、これほどまでに辛いものだとは思わなかった。

離婚後、妻や子どもが出ていった部屋に一人きりになった時の孤独も骨身に染みるものであったが、外の世界の孤独など、その気になればいくらでも紛らわせる方法があった。酒に友達に女の子、電話にネット、そして仕事まである。あれは、人恋しいというだけだ。

この独房に初めて入った時、これはまずいなと思った。

人一人がなんとか生活できる部屋の広さ、窓のない無機質な壁、むき出しの便器。ここは完全に人を孤独にするための場所だ。物理的に一人にすることによって、精神的にも孤立させる。ある意味でよくできた部屋だと言える。

この中で僕が怒ろうが、悲しもうが、すべてが跳ね返ってすぐに自分に返ってくる。絶えず自分という人間を意識することになり、思考はその内側だけでぐるぐるとまわり続ける。

たった一人でも楽しいことを考え続ければやり過ごせるんじゃないかと思っていたのだが、こんな環境ではとても無理。ぐるぐるした思考は螺旋階段を下りるように底の方の暗がりへと向かっていく。

僕はもともと過去を顧みて悩んだり、後悔や反省をしたりするタイプではないと思っていた。

そんなどうしようもないことでウジウジする人間は馬鹿だと公言すらしていたのだ。しかしそれはかなり強く意識して自分をコントロールしていたにすぎないと気が付いた。

僕は放っておけばいつまでもウジウジとネガティブな思考を転がしてしまう人間なのだ。だからこそ無理矢理、目の前に集中すべき案件を掲げ続け、そこにハマる状態になるように努力していたのだ。

僕のなにが悪かったというのだろう。

罪を犯したとは思っていない。しかし自分は今、独房に閉じ込められている。僕の人間性に問題があったのか。人との関わりの中で知らず知らずのうちに怒りを買っていたのか。

思い当たる節は山ほどあった。僕を嫌いな人間は山ほどいるに違いない。あの人も、あの人も、できれば僕にいなくなって欲しいと願っているはずだ。

思考はどんどん底の方に向かっていく。

しまいにはどこを見ても暗闇の中を歩いているような、自分がなにを考えていたのかすら判然としないような状態になってくる。

「これは頭がおかしくなるぞ」

なるべく自分に意識を集中させないように心がける。そのためには他のことに気を向けるしかない。

壁を見渡しても時計すらなかった。ガラスを壊して自殺するのを防ぐためらしい。そうなのかもしれないが、今何時なのか分からないというのは苦痛なものだ。

時間に追われる生活をしていた頃は、時が止まってくれないかと夢想したこともあったけれど、とんでもない。自分以外動くものがない部屋では、たとえ時計がなくても時が前に進んでいるという実感が少しの救いになった。

特捜部案件の経済犯には通常接見禁止という処置が取られるため面会できるのは弁護士のみである。

しかし厳しい規制はあるものの差し入れは許される。友人知人たちが差し入れてくれた缶詰、お菓子、果物などが部屋にあるということが、どんなにか僕を支えてくれたことか。物そのものもありがたいが、自分を想ってくれる人がいるという事実に勇気づけられた。

この時頂いた厚意に順番をつけることはできないが、差し入れとして特に有り難かったのは、ふかふかの布団である。

拘置所の煎餅布団は畳の硬さがダイレクトに骨に伝わり、眠りに落ちるまでの時間をいたずらに引き延ばす。その時間、僕はどうしても自分と向き合わなければならなくなる。

ふかふかの布団に包まれた幸福はなんと表現したらよいだろう。触覚としての気持ちよさを超えた、あの優しく抱きしめられている安心感！

そして自分でも驚くほど癒されたのが、切り花の差し入れだった。付き合っている彼女が買ってでもこない限り、部屋に花など飾ったことのない僕だが、なぜ人がずっと花を愛でてきたのかが、ようやく理解できた。

短い命を燃やすように美しく咲く姿。その色合い、形の妙が殺風景な独房の一角に彩りと潤いを与えてくれる。そして自分以外の生き物の気配を感じることが、これほど心を落ち着かせてくれるとは思いもよらなかった。

寄せ書きに号泣した日

いつもと同様、弁護士たちが面会にやってきた。手紙を差し入れることは禁止されていたのだが、その日は特別に2枚の色紙を持ってきてくれた。

そこにはライブドアの社員たちによる応援メッセージがびっしりと書き込まれていたのだ。目をかけていたプログラマーの名前が、よく怒鳴っていたあの社員の名前が、そこにはある。憶えのない名前もたくさんあった。

「頑張ってください」

「信じています」

色とりどりのペンで書かれたメッセージを読んで、僕の心は決壊した。

後から後から涙が溢れてくる。いつのまにかその場で号泣していた。こんなに泣いたのは生まれて初めてではないかというくらいに。

みんなの文字の癖までが愛おしく想えた。僕は確かにあの場所で働いていたんだ。そこには今も、僕をちゃんと理解をしてくれる人たちがいるんだ。

嗚咽は長いこと収まらなかった。少し落ち着いて弁護士たちの顔を見ると、彼らも目を真っ赤にしていた。

その時の弁護士の言葉が今も忘れられない。

「どんなに泣いてもいいんだよ。泣くことで嫌なこともすっきりと洗い流せる」

その言葉を聞いて僕はもう一度、大きな声を上げて泣いた。

泣くことでなにかが解決したりしない。僕がここを出られる日が早く来るわけでもない。でも僕は社員や弁護士たちの厚意をしっかりと受け止めたいと思った。

面会が終わって独房に戻った時、いつもより深く呼吸ができている自分に気が付いた。

睡眠薬と精神安定剤

一度目の起訴が終わって、未決勾留となったために取り調べの出頭義務はなくなった。しかし独房に籠っていても気が滅入るだけだし、誰でもいいから話し相手が欲しいので、ついつい取調室に出かけてしまう。

その頃、担当検事が替わった。新しい人は赤ら顔のいかにも現場風情のある検事だった。

なんだか面倒くさそうな人だなあと思っていた僕に、早速、見当外れな質問が投げかけられた。

「そんなこと知ってるわけないじゃないですか」

僕はいつものように答えただけなのだが、検事はいきなり後ろにあるボタンを押して刑務官を呼び出す。

今日の取り調べはこれにて終了ということだ。僕がわざとトボケているのだと腹を立ててしまったようだ。

せっかくの楽しみが奪われてしまったではないか。

やっぱり今度の人は面倒くさそうだ。こんな人といつまで関わらなくてはならないんだろう。違う検事に替わってほしい。

ある時、彼は僕の顔を見てニヤニヤしている。僕のメールの中に、エロい内容があったことをほのめかしているのだ。

いやらしいのはお前だろうが！

それでも暇よりはマシなので、こんな奴でも我慢して相手をするしかない。

1回目の起訴が終わってからの約10日間は、とにかく苦しかった。

弁護士と話したり、時折流れてくるＮＨＫラジオのニュースを聞いたりしていると、どうやら僕は再逮捕となるらしい。

しかしそれを赤ら顔の検事に確認すると、

「あるかもしれないし、ないかもしれない」

などとふざけたことを抜かすのだ。

再逮捕の可能性があるのなら、いつまでここに勾留され続けるのかまったく分からないのである。一応、保釈申請を出してみたら軽く却下された。続いての準抗告もまたもや却下である。

刑事訴訟法第八十九条の第四号「被告人が罪証を隠滅すると疑うに足りる相当な理由があるとき」に該当するからなのだそうだ。

常識的に考えて日本中に顔を知られている僕が逃亡することは不可能だ。罪証隠滅に動くとしても、パソコンはすでに押収されている。

かつての同僚たちと口裏合わせをする危険があると見なされてもいるようだが、それはもう完全に僕を悪人だと決めつけているということだ。

とにかくここから出たい。これこそ人質司法じゃないか。

僕はこの時、相当にナーバスになっていた。特に金曜日は、これからやってくる週末が憂鬱すぎて、恐ろしく塞ぎ込んだ気持ちになってしまう。

逮捕から起訴までの間は、弁護士と情報交換の必要上、土曜日も接見が認められていたのだが、未決勾留状態になると、土曜日の接見はＮＧとなる。

つまり土日の2日間、誰にも会えなくなるのだ。連休というのがさらに恐ろしくて、まる3日間、誰とも会話できないのだ。これはかなり精神的に参る。

金曜日の夜を目前に控えた僕は、ついに睡眠薬と精神安定剤を処方してもらうことにした。

試しに昼寝の前に安定剤を飲んでみたら、1時間きっかり快眠できるではないか。

これでなんとか憂鬱なフライデーナイトを乗り越えられるかもしれない。

赤ら顔検事は僕からさしたる証言を取ることができず、担当を外された。3人目は熊谷氏も担当していた内藤検事である。

今までの二人と違い、今度の内藤検事はねちっこいタイプのようだ。

取り調べでは鋭く切り込み、しつこく食い下がってくる感じ。

「細かいことは分からないにしても、あなた社長だったんだから早く認めなよ」と迫ってくるのだ。

「認めたら執行猶予は付くんですか?」

正面切って聞いてみたところ、

「それは教えられない」

と返ってきた。

本当にサインしていいのか

精神安定剤や睡眠薬の世話になる日が増えていた僕は、もういい加減、本当に釈放されたいと思っていた。このままでは頭がおかしくなりそうだ。

勾留期限の終わる頃が保釈申請を出すチャンスであるらしいが、罪を認めない限り、その段階では保釈されないらしい。

僕は追いつめられていた。事件の責任を取るために、刑事責任を認めることはできなくもない。でもあまりにも事実関係が分からなすぎる。調書も読まずにサインしてしまう人もいるらしいが、僕にはそんなことはできない。

「釈放されたかったので認めてきました」

なんて株主に対して言えるわけない。

「そんなつもりではなかったのですが、結果として違法だと思われてもしょうがないことをしてしまいました」

ならば言えるかもしれないが、それでは検察が求める「認めた」ことにはならないのだ。

勾留最終日を控えた休日のこと。

弁護士と会えなくなるこの日に、内藤検事は最後の攻勢に出てきた。

「ここで保釈とれないと、少なくとも初公判まで保釈されないだろうね」

「初公判っていつですか?」

「7月か、夏休みにかかると9月かもね」

9月となればあと6カ月も勾留されることになってしまう！　ここにもう半年もいたら明らかに精神に異常をきたしてしまうではないか。

もうそろそろいいんじゃないか。ここを出るためには認めてしまった方が楽じゃないか。

僕は内藤検事と話し合い、妥協できる範囲で調書をまとめてもらった。

「事実は分からないが、保釈を勝ち取るために、経営責任者として罪を認めてもかまわない」

月曜日の弁護士との接見では、その内容を細かな表現まで精査した。僕に不利にならないギリギリのラインを探る作業だ。

そして、次の取り調べでは、その調書にサイン寸前のところまでいった。

本当にいいのか?　ここでサインをして罪を認めるのか?　それが正しいことなのか?

いや、ダメだ。そんなことしたら取り返しのつかないことになる。

自分の中のなにが働いたのかはよく分からない。今すぐにでもここを出たいという強い思いはあった。長い独房生活で冷静な判断力も奪われていたと思う。

しかし、僕はどうしてもサインをしてはいけないと思ったのだ。そんなことをしてしまったら、これまで僕がやってきた全てを否定してしまうことになる。

一時はすぐそこに地上の光が見えていたような気持ちだった。しかしそんな光はただのまやかしにすぎないのだ。

僕はもう一度独房に戻る決意をした。

保釈を待ちながら

宮内氏らの調書を見せられた時は、あまりに頭に血が上りすぎて、めまいがしそうだった。思い出すのも嫌なので、ここでは書かないが、あの僕に対する罵詈雑言の数々！

みなで堀江主犯説をでっち上げ、自分たちはその陰に隠れようという魂胆が見え見えなのだ。仮にもライブドア発展のために共に汗してきた者たちである。どれだけ自分には人を見る目がなかったのかと思わざるを得ない。

しかし今となれば、彼らが特別に卑怯な人間だったわけではないと分かる。彼らは彼らで身を粉にして働いてきたのだ。それぞれ言い分も立場もあるだろう。そして僕自身の人間性が、彼らを刺激してしまったとも考えられる。

しかしあの時の僕の頭の中では、裏切り、不実などネガティブな言葉が渦をまいていた。

世間はゴールデンウィークを迎えようとしていた。

その年の暦では5連休。つまり5日間も接見ができなくなってしまう。この怒りと絶望を抱えたまま、独房で5日も過ごすなんて耐えられるだろうか。

4月中旬から保釈請求を出していた。少しでも早く保釈を認めてもらうために、出来たばかりの「公判前整理手続き」という制度を利用しようとしていたのだが、検察側がなかなか必要書類を出してこない。公判前整理手続きとは、刑事裁判で、公判前に争点を絞り込む手続きのことだ。裁判官、検察官、弁護人が協議し、証拠や争点を絞り込んで審理計画を立てるというもの。

後出しの証拠が出しにくくなるので弁護側にとっては不利なのだが、裁判所側からすれば証拠隠滅や通謀の恐れがかなり低くなるので、保釈が認められやすくなる。

申請から遅れること数日。やっと検察側が書類を出してきた。それに合わせてこちらも速攻で反論を送る。そうしてやっと保釈許可決定が下りたのだ。

しかし検察側がこれに異議を申し立ててくる。保釈されてしまったら、独房に押し込めて心理的に追い込むことができなくなるからだ。

検察側の異議が受け入れられるかどうかは、ゴールデンウィークを控えた4月27日に審理される。

この日、朝から接見に来ていた弁護士からは「おそらく今日、保釈が決まる」と言われていた。

しかし昼を過ぎてもまったく音沙汰はない。面会室で弁護士と向かい合いながら、はやる気持ちをなんとか抑える。もう少しだ、もう少しで出られるはずだ。

やがて拘置所の外からヘリコプターの音が聞こえ始めた。拘置所の上空を旋回している様子からすると、僕の保釈の瞬間を報道しようと待っているのだろう。

しかし一向に保釈許可は下りない。

もしかしたら出られないのかもしれない。希望が絶望に変わりそうになると、ヘリコプターの音に気持ちを集中させた。ヘリが飛んでいるうちは大丈夫のはず。

長い間、席を外していた弁護士が戻ってきた。審理をするチームの別案件が長引いてしまい、決定が押しているのだという。

とりあえず自室に戻って保釈を待ってくれと言われて、背中を丸めて独房に戻ることとなった。部屋で一人冷めきった弁当を掻き込む。

ラジオでは野球中継が流れている。

午後8時をまわった頃だろうか、中継の中でニュース速報が流れた。

「堀江被告の保釈が認められました」

え、なに？　出られるの！

そして、まさかラジオで自分の保釈を知ることになるとは！

訳の分からないことの目白押しだった94日間に及ぶ勾留期間は、やっぱり訳の分からないまま幕を閉じることになった。

寂しさと対人恐怖症

保釈された夜は僕の自宅で、弁護士たちとコンビニの寿司をつまみながらビールで乾杯した。3カ月振りにお酒を口にしたので、たった1杯で酔いがまわる。

いつもの部屋に、座り慣れたソファ、そしてテレビ。ホッとすべきところなのだろうが、まるで人の家に上がり込んでしまったかのような違和感がぬぐい去れない。

その日は友人たちも集まってくれて、日付が変わっても何度も何度も乾杯を繰り返した。久しぶりに検事や弁護士以外の人たちと話をする。はじめはどう接していいのかよく分からなくなっていたが、酔いが進むにつれて、そんなぎこちなさもどこかへ流れていくようだった。

翌朝は二日酔いの激しい頭痛とともに目を覚ました。

台所に行くと、昨日使ったグラスや皿がシンクに積まれたままだ。

最高に気分が悪いが、拘置所の暮らしですっかり早起きになっていたので、二度寝はできそうになかった。誰もいない部屋で一人ぼんやりする。

テレビを点けると保釈された時の映像が流れているではないか。相変わらず僕は罪人扱いである。さらにムカムカしてきて、慌ててスイッチを切った。

昨日来てくれた友人たちは、もうそれぞれの職場で忙しく働いていることだろう。そこには片付けるべき案件があって、ともに目的に向かう社員たちがいる。外出して打ち合わせをして、その途中でランチをしたりもするに違いない。

僕はどうだろう。

会社どころか仕事すら失ってしまった。当面住むところやお金には困っていないが、この先どうなるかはまったく分からない。なにせ日本中から犯罪者と見なされている。裁判で潔白を証明するのは容易ではないし、それには長い長い時間がかかるはずだ。

保釈条件として、事件の関係者、つまりは取引先を含めたライブドアの関係者とは接触してはならないと決められている。会うのはもちろん電話、メールを含め一切の連絡をとってはいけないのだ。それに反したら、すぐさま勾留生活に逆戻り。あの独房だけは勘弁してほしいと思った。

電話番号やメールアドレスを変えなくてはならないし、寂しさや酔いに任せて連絡してしまうのを避けるためには、電話帳から彼らの情報を削除した方が賢明だろう。

しかし僕はそれまでの10年以上、生活のすべてをライブドアに捧げてきたわけで、友人・知人のほとんどすべてはライブドア関係者だった。つまり、ほとんどの人との接触を禁じられているということだ。

外に出かけるにしろ、マンションの前には報道陣がズラリと待ち構えている。彼らにマイクを向けられても、僕に話せることなんてなにもない。どんな顔をしてカメラの前に立てばいいのかもわからない。

外に出て、道行く人たちから犯罪者として見られるのも耐えられそうにない。変装用の帽子や眼鏡が必要かもしれないな。

会社に行きたい。一人でいたくない。でも外に出るのは怖い。

なにかをしていないと落ち着かない。でもなにもすることはないし、してはいけないことも多い。

独房の中では、毎晩のように外の世界を夢見ていた。

確かに自宅は独房よりは居心地がいいし、便利な生活環境かもしれない。

しかし僕は、もう決して以前の僕と同じではなかったのだ。

社長ではない僕がやるべきこと

鬱々とした気持ちでソファに座っているだけでも1日はすぐに終わってしまう。そんなふうに無為に時間を過ごしたことなど今まであっただろうか。ついこの前までは、あれほど1分1秒を惜しんで仕事をしていたというのに。

身の回りの細々とした買物は、選挙に立候補した時のボランティアスタッフの一人がしてくれていた。彼には本当にずいぶん助けてもらった。

女友達も僕の様子を心配して何度か訪ねてきてくれていた。やっぱり女性という存在は男にとって偉大である。

ライブドア関係者以外の友人・知人なんてほとんどいないと思い込んでいたけれど、それ以外にも僕を気にかけてくれる人は少ないながらも確かにいた。ライブドアの社長でもなんでもない、しかも刑事事件の被告人である僕に進んで関わろうとしてくれるのだから、本当にありがたいとしか言いようがない。

苦しい立場に置かれて初めて人のありがたさが分かるなんて話は、なんてナンセンスなんだと興味すらなかったけれど、いやいや、僕は狭い世界の中で生きていたに過ぎないのだということを改めて思い知らされた。

友人の一人が僕を半ば無理矢理サーフィンに誘ってくれた。運動が苦手な僕は、サーフィンには苦手意識を超えて、浮かれた人たちのスポーツというイメージすら持っていたのだ。

以前、ウェイクボードを初めてやった時は、できないのが悔しくて、一緒にいた彼女があきれるほど長時間、練習し続けたのだが、今の僕にそんな根気があるとも思えなかった。

いやいや海に出かけていった僕だったが、やっぱりなかなか波に乗れないことがわかると、ムキになって練習し始めた。やっぱりできないということが許せない性格なんだな。

そして少し慣れてきて周囲を見渡す余裕ができると、海のあきれるほどの大きさに思わず息をのむ。波が寄せては返す様はまるで海がゆっくりと呼吸しているようで、その中にすっぽりと包まれると、この上ない安心感が湧き上がってくる。

サーフィンにハマった僕は、その後、週に一度は海に通うようになった。

少しずつ少しずつ、僕は社長ではない自分に慣れていった。

当面やるべきことは決まっている。

裁判で戦うこと。もちろん戦うからには勝たなくてはならない。

新たに弁護団を組織して、刑事、民事それぞれの対策を綿密に立てていく。

民事裁判に出廷義務はないので、ほとんど弁護士に任せる形になるのだが、刑事は僕への尋問があるので、いろいろと準備が必要だ。

昔のメールをひっくり返してみたり、共犯者と言われる人たちの調書を検証していく作業を始めた。面識のない人の調書もたくさんあり、僕が初めて知ることも多かった。

メールなどを見る限り、既に亡くなっている野口氏がもろもろの容疑に対して重要な役割を担っていると分かった。しかし検察庁からは彼の調書や彼絡みの証拠はまったくといっていいほど提出されていない。おそらく野口氏の証拠は「堀江主犯説」にとって都合の悪いものなのだろう。

また検察からは不問とされていた人材派遣会社トラインの買収案件について弁護士が詳しく調べてみたところ、そこから宮内氏、中村氏らの横領が発覚した。

確かに彼らは04年頃から急にフェラーリを購入するなど羽振りがよくなっていた。彼らは自分たちの懐にお金が流れてくる仕組みを、複数の会社を使って巧みに構築していたのだった。

ライブドアがオン・ザ・エッヂとして誕生すると同時に、税理士という立場を超えて財務や経理の面倒を見てくれていた宮内氏。上場前に正式に会社のメンバーに加わってからは、ライブドアを世界一大きくするという目的のためにともに必死で働いてきたパートナーだ。

その宮内氏がまさかこんなことをしていたなんて。

拘置所内で彼の調書を読んだ時から僕に罪を着せるつもりだとは分かっていたのだが、その裏にはこの横領が露見しないようにという意図もあったというわけだ。

怒りを超えて、もはや哀れとさえ思えてきた。

彼はきっと僕が羨ましかったのだろう。創業者として莫大なキャピタルゲインを得ていた僕が。そこで得た利益は会社の投資資金へ充当していたので、僕自身には大金持ちになったという自覚はまったくなかったのだが、彼にはそうは見えなかったらしい。

だからこそ、自分たちが子会社を牛耳って、その会社を財布代わりに使うための巧妙なスキームを編み出したのだろう。

彼がどんなことをしていたのかは、過去の僕の本を読んでもらえれば詳しく書いてある。今ここでもう一度、それを繰り返す気には、どうしてもなれない。

ライブドア事件とは何だったのか

読者の多くがご存じのように僕はもう既に服役を終えている。本当に罪があったのかどうかは別として（もちろん僕は今でも無罪だと信じている）、刑事事件を起こした者としての社会的責任は果たした。

今、目の前にある仕事や生活に充分満足している僕にとって、ライブドア事件は完全に過去のことである。大きな被害を受けた株主の皆様、ライブドア関係者へのお詫びの気持ちはもちろんあるが、こと刑事事件については刑事責任も終えた今、忘れてしまっていることが多い。

ほとんど思い出すことがないし、思い出すことになんの意味も見出せないのだ。すべてはもう過ぎたことなのだから。

僕の過去の著書には事件の全貌が克明に記録してある。そこには宮内氏をはじめとして「堀江主犯説」のために事実を歪めた証言をした人々への失望や、「国策捜査」と疑わざるを得ないほど強引なやり方で僕を犯罪者に仕立て上げた検察への怒りなどが激しい調子で記されている。

それらを撤回するつもりなんてないけれども、そんなネガティブな感情が僕の中にもう存在しない以上、ここでそれを繰り返すことも難しい。

とはいえ、ここまで僕の人生を幼少期からずっと追いかけてきた以上、事件のことに関してなにも書かないのも不自然だと思うので、そもそもライブドア事件とはなんだったのか、僕たちが問われた罪とはなんだったのかを、拙著『徹底抗戦』(集英社)から一部引用する形で紹介したい。


ライブドア事件とは、ライブドアと、当時子会社であったライブドアマーケティング(現メディアイノベーション)の事業行為に、証券取引法に抵触する違反行為があったとされる事件の通称だ。

具体的な容疑は「偽計取引及び風説の流布」と「有価証券報告書虚偽記載」の二つである。「偽計取引及び風説の流布」の容疑事実は、
①ライブドアの小会社、ライブドアファイナンスを介して実質支配下に置いている投資ファンド名義で買収済みだったマネーライフ社の企業価値を、ライブドアファイナンス従業員が過大に評価し、ライブドアマーケティングとの株式交換を決めたこと。
②株式交換比率を決定した者がライブドアファイナンスの従業員であったにもかかわらず、第三者機関が算定した結果を両者間で決定したと発表。あたかも第三者機関が株式交換比率を算出したかのような、虚偽内容を公表したこと。

③ライブドアマーケティングの第3四半期決算の発表時に、当時純損失であったにもかかわらず、架空売り上げを計上して完全黒字化を達成したという虚偽事実を公表したこと。

という三つ。

「有価証券報告書虚偽記載」容疑は、

①2004年9月期の連結決算で、ライブドアは実質赤字（3億1300万円の経常赤字）だったにもかかわらず、業務の発注を装った架空売り上げを計上するとともに、ライブドアが出資する投資事業組合（ファンド）がライブドア株を売却することで得た利益を投資利益として売り上げに計上（複数のファンドを関与させて携帯電話事業会社クラサワコミュニケーションズなどを株式交換で買収。その後、ファンドはライブドア株を市場で売却した）、合計53億4700万円の利益を計上することによって、50億3400万円の経常黒字であったとする虚偽の有価証券報告書を関東財務局長に提出したこと。

というものであった。

これらのことを僕が主導して計画的に行ったというのが検察側の主張である。

言うまでもないことだが、僕が2年6カ月もの実刑判決を受けたのは、これらのすべての罪を最後まで認めなかったからだ。

事件は僕らが起こしたのではなくて、検察が起こしたのだと今でも変わらず思っているが、それをことさら強く主張する気持ちも今の自分には存在しない。

繰り返しになるが、もう終わったことなのである。

それらを振り返っている余裕など、今の僕にはない。

有罪裁判

公判は驚きの連続だった。

どう考えても嘘だろう！

そんな証言をする人が何人もいた。検察側証人が嘘の証言をしたところで、偽証罪で捕まることもない。

そんなデタラメな証言が裁判で採用されるはずなんてないと思っていたが、信じられないようなことがまかり通ってしまうのもまた裁判なのだと知る。

結局、このような経済犯罪に関する裁判、特に特捜部案件については、検察自身が新しい判例・法律を確立するつもりで裁判に臨むのだ。

だから実際には白黒はっきりついていない事案を、強引に黒に持っていく傾向が強い。司法の原則からすれば「疑わしきは無罪」なのにもかかわらず、「疑わしきは有罪」へと持っていくのである。

実際のところ、検察がたくさんの個人投資家を犠牲にしてまで僕を追い込まなければいけなかった理由はなんなのだろうか？

強制捜査に入らないと誰かが困ったのだろうか？　国民が？　株主が？

いや彼らにはなんのメリットもない。特に株主たちは迷惑を被ることになった。

僕には検察がこうしたかったのだとしか思えない。僕らに制裁を与えることで、世の中に楔を打ち込みたかったのではないのか。

若者が調子に乗っていると痛い目に遭いますよ。

立場をわきまえて大人しくしておいた方が身のためですよ。

あんまりお金儲けばっかりしてはいけませんよ。

あるいは検察に対して僕を潰すことを求める連中がいたのかもしれない。

金の力でプロ野球の伝統をぶちこわそうとした危険分子を排除しろ。

テレビ局を買収しようなんて不届き者は、表舞台から引き摺り下ろせ。

あんな奴に政治家になられたら俺たちの利権が奪われる。

俺の忠告を聞かない若僧には目にもの見せてやろう。

僕がずっと糾弾し、攻撃し、戦い続けてきた既得権益をむさぼる「老害」的存在からの、しっぺ返しなのかもしれない。

07年3月16日、東京地方裁判所で懲役2年6カ月の実刑判決が下された。

検察側の証言はかなり切り崩せた実感があったので、「疑わしきは無罪」の前提を裁判所が守ってくれさえすれば、無罪判決を勝ち取れる自信はあった。仮に無罪判決がとれなかったとして、過去の事例に鑑みても、執行猶予は間違いなく付くと思っていた。

しかし、まさかの実刑判決である。もちろん即日控訴する。

08年7月25日、東京高等裁判所は控訴を棄却。最高裁へ上告。

そして11年4月26日、最高裁判所は上告を棄却。懲役2年6カ月の実刑判決が確定した。

地裁での初公判から4年半以上に及ぶ、実に長い裁判だった。

「罪を認めて、執行猶予を狙え」

そんなアドバイスを何度もらったかわからない。でも僕にはどうしてもできなかった。

そんな気持ち悪いことはできない。そんな生き方なんて嫌だ。

株主たちへの説明もつかない。それでは、もはや僕が僕ではなくなってしまう。

僕は罪なんて犯したつもりはないし、検察に屈するつもりもなかった。

牢屋に入れというならば、入ってやるよ！　という気持ちだった。

そんなことをしたってなにも変わらないんだと証明するためにも。

モヒカン刈りで出頭

ライブドア事件で逮捕された時、僕は33歳だった。

この時点で経営者としての自分はもう終わってしまったと結論付けていた。

世間での33歳は、まだまだ若いと言われる年齢である。

確かに定年まで働く会社の中にあっては若僧と呼ばれることだってあるだろう。罪を償ってしかるべき期間を置けば、再びどこかの会社の経営者になれるし、まだ若いのだから巻き返しの機会は残されていると励ましてくれる人も少なくなかった。

しかし僕の経営者としての意識は、そんな日本の一般的な人生のスピード感とはまったく違うものだった。

30代のうちに世界一の会社にしなければいけない。

20代の半ばから、僕はずっと焦っていたのだ。

未来のビジョンを誰よりも先に形にすること、それこそがビジネスの成功だと思っていた。新しい市場では、それを開拓した人間が最も有利な立場となる。とにかく先頭を走らなければ意味がないのだ。

しかし僕が焦り続けていたのはそれだけが理由ではない。

日々、目まぐるしく働く中で感じていたのは、この忙しさを続けながら世界一を目指すのは、体力的に30代が限界だろうということだった。

老化現象は否応なく進んでいく。年を経るごとに体調管理はどんどん難しくなってくるだろう。

スティーブ・ジョブズのように膵臓がんを患い、やせ細ってもなお仕事に打ち込むなんて僕にはできない。ビル・ゲイツは30代ですべての仕事をやり終え、もう実質的に引退してしまった。

体力も気力も充実している30代のうちに、世界一の会社という結果を出す。その後の僕はもう一つの夢である宇宙事業へと軸足を移していく予定だったのだ。

世間の時間の流れよりも速いスピードで、思考し、働き、会社を成長させなくてはならない。足踏みしている暇なんか、もちろんない。成長をお金で買えるのであれば、迷うことなく投資した。

しかし常に前だけを向いてきた僕は、知らぬ間に様々な場所で摩擦や軋轢を生んでいることに気がついていなかった。前へ前へと急ぐ僕に追い越された人、競争の中で転んでしまった人たちがいても、見て見ぬ振りをしていた。図らずもなぎ倒したり、踏みつけたりしてしまった人たちも含めると、相当な数の人から怒りを買ってもいたのだろう。

それは僕が自分の人生や、自分がやるべきことに集中してきたせいなので致し方ないことなのだが、一つだけ反省しているのは、誰かに誤解されても、それを放置し、「結果だけがすべてだ」と言い放ってきたことだ。

本当は誤解なんかされたくない。自分のことを理解してもらいたいという気持ちは人一倍強いのに。

それなのに僕には自分に余裕がなくなると、どこか露悪的になってしまうという癖があるのだ。そして始終焦っていた僕は、いつも余裕がなかったわけで、結果的にものすごく露悪的な人間になってしまっていたのだと思う。

理解できない人には、説明する必要もないという態度になってしまっていた。

これについては反省の余地がありそうだ。だって「結果だけがすべてだ」と言い続けてきた僕の結果が、2年6カ月の懲役刑だったのだから。

裁判で争っている間に、ロケット事業はスタートさせていた。人生の時間は限られているのだから、裁判だけに囚われているわけにはいかない。

法的に僕が社長になることはできないが、必要なだけの人員と資金を集めて、僕が刑に服している間も研究と打ち上げ実験が進むよう段取りをした。

獄中にパソコンや携帯は持ち込めないが、執筆活動ならできる。つまり手書き原稿をやり取りすることで、ブログの更新だってできてしまうわけだ。

出所したらやりたいこともたくさんある。飲食店の経営やアンチエイジングにも興味があるし、映画も作ってみたいと思っていた。

今までは会社のためにほとんどすべての時間を費やしてきたのだが、それをまるごと自分のためにに使うことができるのだ。やれることはいくらでもある。

11年6月20日、僕はモヒカン刈りにして東京高等検察庁に出頭した。

おわりに

ここから先の僕の人生は、もう振り返るほど昔のことではない。

収監された長野刑務所の中で起こったあれこれ、そこで僕がどんなことを考えていたのかは、ほぼリアルタイムでメルマガに書いていたので（『刑務所なう。完全版』文春文庫・『刑務所わず。』文藝春秋に収録）、ここで改めて語るべきことは残っていない。

刑務所に入ってなにが変わりましたか？　どれだけの人にそう聞かれただろう。

衛生係として老人の世話をしたので介護が得意になった。健康的な生活を送って30キロも痩せた。あんなに嫌っていた納豆が食べられるようになった。

ネタはたくさんあるので、それなりに面白いことは言えないでもない。でも、質問してくる人が欲しているのは、もっと僕の人間性にかかわることなのだと思う。

人としての優しさに目覚めたとか、我慢強さや協調性が増したという類いのこと。極端に独善的で合理主義、おまけに拝金主義の物質至上主義であると思われていた僕が、懲役によってどんなふうに改心したのかを知りたいというわけだ。

なにも変わっていないとは言わない。

でも僕は相変わらず僕のままだ。

ヨボヨボの老人の前では優しくもなるし、横暴な受刑者に難癖をつけられた時は我慢強さだって必要だ。だけどそれは上手くその場を切り抜けるために、自分の中にもともとあった感情や感覚を動員しているわけで、人間性の変化として語るべきことではないと思う。

ここで言いたいのは、世の中の人は驚くほど、あるきっかけで変わったという話が好きだということだ。

多くの人は人生がしっかりとした1本の線であるべきだと考えているのだろう。だからこそ、過去と現在の人間性を比較したり、そこに整合性を求めたりする。

でも人なんてもっといい加減な、相対的なものじゃないだろうか。なにか一つのことがきっかけで変わったりするのではなくて、そもそも一瞬一瞬が別の、新しい自分なのではないか。

今という点の連なりを俯瞰で観れば、結果として1本の線に見えることがあるとしても、1本の線であることを意識して生きるのは窮屈だし、僕には意味があるとは思えない。

この本を書き終えた今、いよいよもって僕は過去に興味をなくしている。

大切なのは今、この瞬間。自由に時間を使えなかった数年を経て、今を生きることに全集中力を動員したいという思いはより強固になっている。そうでなければ、僕がやりたいことを限られた時間でやることはできないのだ。

さて、少しだけ最近の僕の話をしよう。

入所前から準備を進めていた宇宙事業は概ね順調だ。北海道を拠点として開発と実験を繰り返している。ロケット打ち上げは必ず成功するわけではないし、課題はまだ山積みだけれど、着実に前に進んでいる手応えを得ている。

多くの人が安価で宇宙に行ける時代はそう遠くない将来に必ずやってくる。あらゆるビジネスと同じで、最初にそれを実現した人が、その後の市場の覇権を握るわけだが、僕はこの事業にビジネス以上の意味を見出している。

科学技術を使って人類をもっと幸福にする。大それたことと思われるかもしれないが、僕は今、それを大真面目に考えている。宇宙事業はその一環というわけだ。

日本の会社法では刑期満了から2年経過しないと取締役にはなれないとされているので、僕はまだ会社の取締役ではない。しかしそもそも取締役という立場に興味があったわけでもないので、そんなことは特に気にせず、すでに様々な事業をスタートさせている。

僕が手がけたいくつかのアプリや最近始めた「堀江貴文サロン」の活動を見て、僕が人と人とが触れ合う場所を作ること、僕自身も新しい人と触れ合うことを求めているのではないかと指摘してきた人がいる。

それは半分はその通りで、半分は正しくない。

SNSがこれほど発達した時代、会いたい人に直接連絡するのは昔に比べたら驚くほど簡単だ。僕は興味のある研究者や実業家には自分からどんどんアポイントメントを取っている。

また、僕自身がやりたいことを実現するだけでなく、志を同じくする人たちで集まって、新しいアイディアを募り、僕が経験やノウハウを提供することにも興味を持っている。僕一人で世の中を変えるよりも、世の中を変えたいという人が増えた方がいいに決まっているからだ。

一方で僕は本当に会いたいと思う人にしか会わない努力も進めている。

会議や打ち合わせ、取材などのほとんどはSkypeを利用する。取りあえず会ってお話ししましょう、という案件の半分以上は、実のところ会わなくてもすむことだったりする。Skypeでお願いしますと言って、じゃあいいです、と言うくらいの人だったら、そもそも話をする必要もないというものだ。

誰かに会うための準備、移動、気持ちの切り替えなど、どうしても生じてくる時間的なロスが許せなくなってきているのだ。電話も時間を奪われるから基本的には出ないことにしている。

僕はできるだけ自分のやりたいことのために時間を使いたい。そして時間当たりの効率を極限まで上げていきたい。繰り返しになるが、そうでなければやりたいことのすべてができないのだ。

相変わらずの日々と言えよう。会社の社長ではなくても忙しさは以前とまったく変わらない。仕事とプライベートの境目もなく、自分が楽しいと思えること、興奮することに集中している。あんなに大事にしていた睡眠時間が減りがちなことだけが問題かもしれない。

さて、本書でずっと描いてきた僕の「闘い」であるが、そちらの方も相変わらず。僕がたいして変わっていないし、世の中も残念ながらまだ変わっていないとしたら、続いてしまうのも当然。

先日、とある呑み会で初めて会った女性から「堀江さん、血液型は何型ですか?」と聞かれた。

血液型を聞いて僕の性格を分析しようというわけだ。恋愛における相性みたいな話をしたかったのかもしれない。いずれにせよ単なる呑み会のトピックにすぎないのだから、さらりと答えてしまえば良かったのだが、その時の僕は真顔でこう返してしまった。

「血液型なんて聞いても、なんの意味もないでしょう」

突き放すような言い方になってしまって、その場は一瞬凍り付いた。

まずいと思った僕は、別の話題で盛り上げるべく努力したので会はその後も賑やかに続いたが、もう血液型の話を持ち出す人はいなかった。

家に帰ってからも、このやり取りは心に残っていた。

たぶん僕はずっと、この「何型ですか?」が象徴するようなものに抵抗し続けてきたのだと思う。

多くの女性は、血液型診断や血液型占いが好きだ。あなたはA型だから几帳面。B型だからマイペースです。AとOだから相性がいいんですよ。

科学的根拠はもとより、統計的根拠もないはずなのに、無条件に信じている人は驚くほど多い。信じるだけなら勝手だが、O型だからルーズなのはしょうがないとか、A型だから気が小さいなんて、僕からすると便利な言い訳の道具にしているとしか思えない時もある。さらには堀江さんはA型だからこうした方がいいよとアドバイスまでしてくるのだから、これには本当に困ってしまう。

他人の興味を否定するつもりはないが、そんな非科学的、非合理的なものを僕に押し付けるのはどうか止めてもらいたい。

僕のこれまでの人生の「闘い」は、そうした血液型診断に似た、さしたる根拠のない思い込み、慣習、常識、ルールへの抵抗だった。

たとえば八女時代の僕を苦しめたもの。親の言うことは聞かなければならない。クラスメイトと仲良くすべき。武道で精神を鍛えろ。九大に行かなくてはならない。

「当たり前」の力は子どもの僕にはどうしようもなくて、時に泣いたり暴れたりした。勉強という武器を手に入れられなかったら、今頃いったいどうなっていたか分からない。

東京に出てきても、会社を立ち上げてからも、僕の闘いは続いた。いい会社に就職した方がいい。会社を作るには若すぎる。上場なんて無理なことはするな。年寄りは年寄りというだけで敬え。業界のしきたりに従え。お金持ちほどつつましく生活しろ。

ことごとく抵抗し続けた僕は、生意気な拝金主義者というレッテルを貼られ、挙げ句の果てには刑務所に入ることとなった。

こんなふうにしか生きられなかったので、後悔なんかはしていない。

僕はこれからも納得いかないものとは徹底的に闘っていくつもりでいる。闘い自体を目的にしているわけではないが、僕がこの限られた人生で幸福を追求するためには、どうしても闘いは付いてまわるはずだ。

しかし、40歳を超えた僕は、いろんな闘い方があることが分かってきたし、闘う相手の気持ちも少しは考えられるようになってきた。

僕に血液型を聞いてきた彼女は、きっと盛り上がりそうな話題を探していただけだし、もしかしたら僕と仲良くなりたかったのかもしれない。だったらもう少し彼女の話を聞いた上で、自分の考えを伝えればよかったのだ。その方が呑み会という限られた時間の中で、なにかの縁で同じ席についた僕と彼女は有意義な会話ができたはず。

東大駒場寮にいた頃、居酒屋で先輩や友人たちに向かって吐き捨てた言葉。

「人の気持ちなんて、分かるわけないじゃないですか！」

今なら、こんなふうに言うはずだ。

「人の気持ちは分からないです。でもできるかぎり分かろうとします」

もしかしたらこれが、僕が刑務所を経て、そして最初で最後の自分の過去を振り返るという作業を通して、一番変化したことかもしれない。

さあ、もう本当に昔の話はこれで終わりだ。
僕には、僕らには今しかない。
今、やるべきことをやることしか、幸福になる道はない。
僕は、僕らはもっと幸せにならなくてはいけないのだ。

本文中の肩書き、名称などは当時のままです。

装丁
渡邊民人（タイプフェイス）

写真
久保田育男

構成
日野　淳

〈著者紹介〉
堀江貴文　1972年福岡県八女市生まれ。実業家。元・株式会社ライブドア代表取締役CEO。民間でのロケット開発を行うSNS株式会社ファウンダー。東京大学在学中の1996年、23歳のときに、インターネット関連会社の有限会社オン・ザ・エッヂ（後のライブドア）を起業。2000年、東証マザーズ上場。2004年から05年にかけて、近鉄バファローズやニッポン放送の買収、衆議院総選挙への立候補などといった世間を賑わせる行動で、一気に時代の寵児となる。2006年1月、33歳のときに、証券取引法違反で東京地検特捜部に逮捕され、懲役2年6カ月の実刑判決を下される。2011年6月に収監され、長野刑務所にて服役。2013年3月27日に仮釈放。2013年11月10日に刑期終了。

我が闘争
2015年1月15日　第1刷発行

著　者　堀江貴文
発行者　見城　徹

GENTOSHA

発行所　株式会社　幻冬舎
〒151-0051　東京都渋谷区千駄ヶ谷4-9-7

電話：03(5411)6211(編集)
03(5411)6222(営業)
振替：00120-8-767643
印刷・製本所：中央精版印刷株式会社

検印廃止

Printed in Japan
ISBN978-4-344-02702-2 C0095
幻冬舎ホームページアドレス　http://www.gentosha.co.jp/

この本に関するご意見・ご感想をメールでお寄せいただく場合は、comment@gentosha.co.jpまで。